On
Fear

论恐惧

[美]玛莎·纳斯鲍姆　著　　　谢惠媛　译

北京师范大学出版集团
BEIJING NORMAL UNIVERSITY PUBLISHING GROUP
北京师范大学出版社

献给索尔·莱夫摩尔

序言

对我而言，2016年的选举之夜是一缕明亮的阳光——同事们高高兴兴地在家里为我送行之后，我抵达京都，参加了一个颁奖典礼。我对存在严重分歧的选民感到非常担忧，但我有理由确信，若诉诸恐惧和愤怒，将会遭到拒绝——尽管要让美国人团结起来，还有大量充满困难的工作要做。日本主办方进出我酒店的房间，解释着各种仪式活动的安排。以这些谈话为背景，选举消息不断传来，在我脑海中占据了重要位置，它们起初让人越来越惊恐，最后会让人为这个国家、它的人民和制度既感到悲伤又感到更深层的恐惧。我意识到，恐惧并不平衡也不公正，因此，我自己也属于我所担心的问题的一部分。

我到京都是为了接受一位日本科学家、商人和慈善家（同时也是一位日本禅宗修道者）所设立的奖项——他想表彰"那些已经为人类的科学、文化和精神进步作出重大贡献的人"。我很喜欢稻盛和夫博士把哲学看成是有能力作出重大贡献的学科之一，与此同时，我觉得这个奖项更像是一个挑战，而不是一份荣誉。在美国历史上这一让人感到忧虑的时刻，我怎样才有可能不辜负我的荣誉！

选举结果已经明朗的时候，我不得不跟另外两位获奖者（都是科学家）去参加在稻盛和夫基金会办公室举行的第一次正式见面会。为此，我穿上了一套令人感到愉快的西装，整理了头发，并且试图表达我的幸福和感激之情。参加第一次正式的宴会是一件苦差事。经过口译员的"过滤"，与陌生人进行的社交谈话并没有产生分散我注意力的魔力。我想拥抱我的朋友，但他们离我很远。虽然电子邮件很不错，但很难像一个拥抱那样让人感到舒适和安慰。

那天晚上，政治焦虑和时差的综合影响让我的睡眠有点时断时续，因此，大约在午夜时分，我开始思考，最后我认为自己先前对情感的研究还不够深入。当我审视自己的恐惧时，我逐渐意识到恐惧才是问题之所在——一种模糊不清的、多种形态的恐惧笼罩着美国社会。我有了一些关于恐惧如何与诸如愤怒、厌恶、嫉妒等其他有问题的情感联系在一起并产生毒性的想法，这些想法带有试探性，但却是好点子。一般来说，我极少在半夜工作，因为我的睡眠质量不错，坐在电脑前的时候，我最好的点子通常会逐渐冒出来。然而时差和国家危机却能改变习惯，在这种情况下，我获得一种有所发现的愉悦感。我感觉到，这次剧变或许会形成某种洞见——谁知道呢？——如果我能有出色的研究，或许它能启发其他人产生一些好的思路。带着心怀希望的平静，我又睡着了。

第二天，在心灵得到洗涤的晨运之后，我非常投入地参加了一场正式的颁奖典礼。我穿上晚礼服，为拍摄官方肖像照片而尽己所能地去微笑。台上的颁奖典礼美观并能分散人的注意力，倾听着获奖同仁们的传记和他们关于自身工作的简短演说，真的令人着迷，由于他们所在的领域（自动驾驶汽车与基础肿瘤研究）我知之甚少，我对他们的成就充满了钦佩。在我自己的简短演讲中，我谈到了一些我真正关心的事情，并感谢在我职业生涯中自始至终帮助我的人。重要的是，我也表达了对家人和亲密朋友的爱。（这所有的一切都必须事先为翻译者写好，所以不可能临时作出修改，但能够表达爱仍然是极大的安慰。）

京都奖的宴会准时结束，时间还非常早，因此，我八点半就回到了房间，在办公桌旁坐下来开始写作。这时，我昨晚产生的想法已经成形，正如我写的那样，它们变得越来越成熟，并且越来越（至少对我来说）具有说服力。经过了两个晚上的努力，我完成了一篇很长的博客文章，由我在澳大利亚的一位记者朋友发布了出去，同时，作为一本书的策划，那篇博客文章采用了一种与众不同的形式。

但你可能会问，我是谁，我是如何对关乎政治团结与分裂的情感产生如此浓厚兴趣的？当然，我是一个学者，置身于优秀的同事和学生当中，过着享有很高的特殊待遇的生活，获得了我希望我的工作所能得到的所有支持。即使在人文学科和艺术受到严重威胁的时候，我的大学仍然强有力地支持人文学科。作为一个没有法学学位的哲学家，我非常欣慰能在法学院工作。在那里，我每天都可以了解这个国家的政治与法律事宜，同时讲授与正义和政治理念相关的课程。这是一个有利的处境，但它似乎过于超然而无法体验到大多数美国人所感到的焦虑。

我小时候也曾享有特权，但却是以一种要复杂得多的方式。我的家庭属于费城中产阶级的上层且相当富裕。我拥有爱、丰富的营养和优质的医疗服务，在一所优秀的女子私立学校接受一流的教育——那时候，这所学校为优秀者提供激励，里面没有性别化的同龄人压力，而公立学校的教育给女孩的激励是非常不平等的。（我妈妈曾经告诉我："不要讲太多话，要不然，男孩们不会喜欢你。"这也是给那个时代提出的忠告，但我不必担心在学校里去遵守它。）我一直喜欢阅读、写作与建构论证。此外，我父亲喜欢我的抱负并支持它们。我的父亲，一个来自佐治亚州梅肯市的工人，凭借能力和努力，在费城一家著名的律师事务所晋升为合伙人。他认为并声称，这个美国梦是所有人都能实现的。我开始怀疑他的想法。他反复指出，非裔美国人在美国之所以没有取得成功，只是因为他们工作不够努力；然而，考虑到他自己内心深处的种族主义——正如他让佣人分开使用卫生间，甚至威胁说假如我在一个当中有一名非裔美国人成员的大团体（一个剧团）中公开露面，那么，他就剥夺我的继承权——我发现，他并不理解非裔美国人的处境（即被歧视和种族隔离所压制与侮辱）。我父亲对少数族裔的厌恶，甚至延伸到许多显然是通过努力工作（虽然存在社会障碍）而获得成功的人身上，特别是延伸到中产阶级的非裔美国人和中产阶级的犹太人身上。

他明白，女性是能够表现突出的。他为我的成功感到高兴，并鼓励我独立自主，甚至作出反抗。但我也注意到一个问题：因为他娶了一个室内设计师，而这很快就能让人明白，她将不能继续工作了。这使得我母亲一生中的大部分时间都感到孤独和悒悒不乐。父亲的态度非常复杂。当我16岁时，他让我在参加一个成人派对或一项国际生活实验项目中的国外寄宿活动之间作出选择，并且为我选择了后者而感到非常高兴——而他却绝不会娶一个不选择前者的女人。他确实认为，（不管是男性还是女性）穿着大胆时尚的衣服完全与知识分子的抱负和成功相吻合。并且我们在购物之行中找到的乐趣因一个具反叛性的计划而翻了一倍。这个计划是，我穿着一件亮粉色的迷你西装，出现在他于执业律师学院所作的一个关于"任命权"的讲座上。在他看来，这一切究竟将发展到什么地步呢？特别是将会带来什么样的家庭生活呢？他鼓励我与那些正处于上升阶段的学院派男性约会，但这些男性就像他那样永远不会想要一个有工作的妻子。

同时，那次出国旅程让我进一步怀疑父亲的信条。我被送到南威尔士斯旺西一个工厂工人家里，我懂得了贫穷、营养不良、糟糕的卫生设施（没有室内管道）和健康状况不佳（特别是煤矿开采，毁掉了一些家庭成员的健康），不仅剥夺了人们过上健康幸福生活的机会，也剥夺了人们的欲望和努力。那个家庭的青少年朋友不想上学，也不想通过努力工作而变得出类拔萃。就像迈克尔·艾普特的《人生七年》及其续集中无休止地学习的英国工人阶级家庭那样，他们设想自己的未来不会比他们的父母更美好，他们最大的乐趣就是去喝酒，去参观附近的合法赌场。我记得自己当时躺在床上读一本英国小说——花园里有一间带洗手间的屋子——心想为什么跟我年纪相仿的厄文·琼斯对阅读和写作，甚至是学威尔士语一点都不感兴趣。贫穷造成的障碍常常深深地植根于人类的精神中，许多贫苦的人无法沿着我父亲的那条路走下去。（根据他自己的描述，他营养充足，获得大量的爱、鼓舞与好的医疗保健，并且基于某种原因接受了一流的教育。他没有注意到白人身份给他带来的相当大的优势。他出生于1901年，同样生活在一个比现在更具向上流动性的世界里，即便对贫困的白人而言也是如此。）因此，我从一个新的角度看待自己，认为我不仅仅是一个非常聪明的孩子，而且也是社会力量没有得到平等分配的产物。多年以后，通过在一家国际发展研究所工作，以及与印度致力于女性教育与合法权益的发展组织建立深厚的合作关系，我加深了对这一问题的理解，这也就不足为奇了。

跟我在布林莫尔学院认识的大多数人一样，我当时是一个共和党人，并且欣赏巴里·戈德华特的自由主义思想。我依然相信戈德华特是一个值得尊敬的人，他完全致力于消除种族隔离——事实上，他大胆地整合了他的家族企业。我想他确实认为，只要不存在政府强制，人们就应该会选择成为公正的人，应该会互相尊重与互相帮助。然而，当我在高中阶段开始为他的竞选阵营工作时，我发现大多数戈德华特阵营的人并不是高尚的人，而是根深蒂固的种族主义者，他们支持自由意志主义，以此掩盖种族隔离主义者的观点。白人至上主义政治的丑陋让我厌恶，使得我相信戈德华特是天真的，只有法律的力量最终能打破种族隔离的控制。那时（在斯旺西寄宿之后）我也认识到，真正的平等需要平等地获得营养和医疗保健。我开始接受罗斯福新政的政治理念，而我的父亲则向学校提出抗议，说我的历史老师已经给我"洗脑"了——这不是他唯一一次低估了他自豪地培养起来的女儿的独立性。

我已提到了戏剧。在我早期的生活中，艺术，特别是戏剧和音乐，成为一扇让我进入更具包容性的世界的窗户。首先，这是一个鼓励表达强烈情感的世界，不像布林莫尔学院的白人盎格鲁-撒克逊新教徒文化。我所有的老师都鼓励我去思考，但戏剧老师却在整个人格方面给予了鼓励。我决定成为一名职业演员。我参加了两季的夏季演出，三个学期后离开卫斯理学院，在一家剧目轮演公司找到了一份专业工作，在如今纽约大学的蒂斯艺术学院继续从事表演工作——直至我意识到自己不是一个非常优秀的演员。生活太不稳定，而我真正热衷的是思考与写剧本。然而，我依旧像一名业余演员那样表演与演唱（有过真实生活的经历，我现在感觉好多了），这给我带来了快乐。我还鼓励我的同事们（在与我们的法律-文学会议有关的戏剧中）表演。我发现，与同事分享情感，能让法学院更加人性化，也能增进知识分子之间的友谊。

我是在剧院里第一次遇到公开的同性恋者。实际上，我强烈地迷恋上这个17岁的演员。我怀着失望的、迷恋的强烈同情观察着他的生活，见到他有一位来看望他的生活伴侣。他们在高中时交换戒指，但只能在剧院的世界里而非在更大的社会里公开地在一起。在我看来，这完全是荒谬和不合理的。他当然比我认识的大多数男孩都要吸引人，更善解人意与更有礼貌。

我想，那时候我已经知道了种族主义和性别歧视背后丑陋的自利，但基于性取向的歧视——它先前跟其他现象一样对我而言是隐蔽的——是另一种可怕的美国陋习，我后来把它纳入考虑范围。

当决定不做一名职业演员之后，我回到了纽约大学学术界，在那里我发展得很好。不久后，我遇到了我未来的丈夫，我订婚了，并改信了犹太教。无论过去和现在，我都被犹太教把社会正义放在首位的观念所吸引。一直以来，我都爱着我加入的犹太文化，发现它比白人盎格鲁-撒克逊新教徒文化在情感方面更富有表现力，以及更推崇公开辩论。正如我的一位（非常成功的）犹太同事在谈到自己在"老牌的"[①]律师事务所的工作经历时所说，白人盎格鲁-撒克逊新教律师永远不会批评你，只会在五年后突然解雇你，而犹太律师会大喊大叫，上蹿下跳，但最终会公平地对待你。虽然我没再结婚，但我保留了我的犹太名字和我的犹太信仰，而且跟以前相比，我更多地参与教会生活。（我对我出生时的名字克雷文表示敬意，我中间名字的首字母是C。）因此，这意味着我加入了一个我父亲鄙视的团体，他没有来参加我的婚礼，尽管我母亲在帮忙组织婚礼（那时候，我父母已经离婚了）。

就某些方面而言，我一直过着幸福的生活，然则，我在早期就逐步学会了把它看成是特权，并学会仔细思考对他人的排斥现象。对女性的歧视是我无法避免的，这对我早期的职业生

---

① "white shoes"一般指那些有着上百年历史、位列世界五百强的企业。本书翻译为"老牌的""老字号的"。——译者注

涯有着重要影响（虽然我也得到了许多鼓励）。而这或许可以解释为什么我没有获得哈佛大学的终身教职——尽管这是一个勉强的决定，而且两个系拆分了，很多事情都可以用来解释这个结果。跟我这一代的大多数职业女性一样，我也经历了重建家庭生活的问题，到处都充满新的但却还没有得到充分发掘的期望。有时候，即使两个人爱着对方，但他们就是无法生活在一起。但我当然不后悔投身其中。我的女儿现在是一名律师，在丹佛的"动物之友"从事保护野生动物权益的工作，她让我的人生感到非常幸福快乐（她那可爱且支持她的丈夫向我展示了一个关于移民的视角，他是一个热爱美国的人，爱着它的自由及好客和包容的传统）。

　　学术界可能太过于脱离人类现实而无法在人类生活的结构方面作出很好的研究。这是学术自由和终身教职所固有的一种风险，那些好的制度并没有保护最早期的哲学家。我自身所致力于与为之努力的研究，总是让我想要恢复哲学在古希腊人和古罗马人时代所关注的广泛事宜：关注情感，以及在困难时期为了过上充实的生活而奋斗；关注爱和友谊；关注人类的生命跨度（包括西塞罗有深入研究的衰老问题）；关注对公正世界的期盼。在这种寻找人类哲学的过程中，我有很多合作伙伴（以及一些卓越的导师，如斯坦利·卡维尔、希拉里·普特南和伯纳德·威廉姆斯）。但我希望自己的经历，不管在不劳而获的特权方面还是在认识不平等方面，能有助于我的研究。

　　或许，如果我能在2016年11月的那个晚上拥抱朋友，那么，我就不会着手写这本书，或至少不会马上这样做。然而，一旦我开始走上这条路，我的朋友就会一直给予我支持、理解，给我提出体现怀疑精神的挑战，以及进一步给出有用的建议。对脑力劳动而言，顺从是毒药，我是如此幸运，我的同事和朋友们一点也不习惯于顺从。体现怀疑精神的挑战、挑衅性的洞察力、嘲笑所有情感的愤世嫉俗、坚定不移的支持和友谊，这些是最重要的，它们使我享受生活与更努力地工作，并且（我希望）能把工作做得更好。因此，我把这本书献给索尔·莱夫摩尔。

目录

CONTENTS

第一章

前言

　　大量的恐惧笼罩着今天的美国。这些恐惧常常混杂着愤怒、责骂与嫉妒。恐惧过于频繁地妨碍理性慎思，毒害希望，阻碍为更美好的未来而开展的建构性合作。

　　如今的恐惧关乎什么？许多美国人感觉到无能为力，无法操控自身的生活。他们担心自己的未来，担心他们所爱的人的未来。他们担心美国梦——希望你的孩子有出色的发挥，甚至比你做得更好——已经破灭，害怕一切都已从他们身边溜走。这些感觉在现实问题中有其根源。其中，中下阶层的收入出现滞胀，这群人（特别是男性）的健康和寿命水平下降得惊人，而在就业越来越要求有大学文凭之时，高等教育的成本却逐步增加。但现实问题很难解决，而要解决问题，就要面向一个不确定的未来，长期努力进行研究与寻求合作。随之而来的似乎是，人们太容易把那种恐慌与软弱无能的感受转换成责骂，以及把诸如移民、极少数人和女性等看成是"他者"。"他们"已经抢走了我们的工作，又或者有钱人已然"偷走"了我们的国家。

　　经济全球化和自动化给处于劳动阶层的美国人带来的问题是真实的、深层次的，且似乎难以应对。那些感觉到自身生活水平正在下降的人并没有面对那些困难与不确定性，相反，他们要去抓恶棍，并形成了一种幻想：如果"我们"能想办法（建一堵墙）把"他们"排除在外，又或者把他们留在"他们的位置"（处于从属地位），"我们"就能重新获得我们的荣誉，而男性也能重新获得他们的阳刚之气。因此，恐惧导致咄咄逼人的"排外"战术，而不是产生有所助益的分析。

与此同时，恐惧也在"左翼"中蔓延开来，这些人寻求更大程度上的社会平等和经济平等，以及对女性和少数人之权利的强有力的保护。许多对选举感到沮丧的人的反应就好像世界末日要到来一样。我的大多数学生、许多熟人和同事经常痛苦地感受到并提到，我们的民主正处于崩溃的边缘，新政府前所未有地愿意迎合种族主义、厌恶女性与仇视同性恋的主张。他们尤为担心言论、游行、结社与出版等方面的民主自由有可能坍塌。特别是我更年轻的学生认为，他们所认识与深爱的美国即将消失。他们常常把整整一半的美国选民妖魔化，把他们描绘成恶魔、一切美好事物的敌人，而不是冷静地作出分析与聆听另一方的意见，力图把事情理顺。正如《启示录》一书中所说的那样，当一个正直的遗民必须与恶势力抗衡时，这就是世界的末日。

首先，所有人都需要深呼吸，回忆一下我们的历史。当我还是一个小女孩时，非裔美国人在南部被处以私刑。而极少数女性刚开始上名牌大学与进入职场，性骚扰是一种没有法律加以阻止的普遍存在的犯罪行为。犹太人无法在大型的律师事务所赢得合作机会。男同性恋者和女同性恋者、法律规定的罪犯几乎总是要隐藏自己的真实身份。残障者在公共空间和公共教育方面没有相应的权利。变性者是一个还没有名字的群体。美国远非美好的国度。

这些事实说出了我的学生需要知道的两件事。其一，他们所怀旧念想的美国从来没有完完全全出现过；它过去是一幅还在创作中的作品，一系列由长期的艰苦工作、合作、希望和团结所驱动的、富有生机活力的抱负。一个公正和包容的美国在过去与现在都没有完全成为现实。其二，当下或许看似我们要从走向人类平等的道路上倒退回来，然而，这并不是世界末日，它实际上是一个希望和工作能够大有可为的时刻。不管是对左翼还是右翼，恐慌不仅仅夸大了我们的危险，它使我们当下比其他时刻都更危险，更有可能导致真正的灾难。它就像一场糟糕的婚姻，其间恐惧、怀疑和责备取代了对真正问题是什么及如何解决它们的思考。相反，那些情感取而代之成为它们自身的问题，妨碍具有建设性的工作、希望、倾听与合作。

当人们害怕彼此与担心未知的未来时，恐惧容易滋生出要寻找替罪羊的念头，激发报复他人的幻想，以及让人对幸运者（不管他们是那些选举获胜者，还是那些在社会和经济上占主导地位的人）产生有害的嫉妒心理。我们都记得富兰克林·德拉诺·罗斯福[①]所说的话："除了恐惧本身，我们没有什么好害怕的。"我们最近听到即将离任的总统奥巴马说："当我们屈从于恐惧时，民主就会屈服。"如果照他的字面意思来理解的话，那么罗斯福是错误的。尽管我们有理由害怕恐惧的发生，但在罗斯福那个时代，我们确实有很多其他的事情要害怕，比如纳粹、饥饿和社会冲突。对那些邪恶之事的恐惧是理性的，在那个意义上，我们不应该害怕我们的恐惧，尽管我们应当经常审视它。但奥巴马更为精确与温和的说法肯定是正确的：让位于恐惧意味着随波逐流，拒绝批判性审视，这必定是危险的。我们要认真思考恐惧及恐惧将把我们带向何方等问题。深吸一口气之后，我们都需要尽可能地了解自己，利用那一刻的超然来判断恐惧及相关的情感从何而来，它们将引导我们走向何方。

到目前为止，你可能还不相信，对民主自治而言，恐惧确实是一个严重（根深蒂固）的问题。接下来，让我设想一场在我（以下简称"MN"）与一个为恐惧辩护的人（我将称他为"DF"）之间展开的对话吧。

DF：可以确定的是，我们不想消灭恐惧。没有恐惧，所有人都会死去。恐惧是有用的，它促使我们采取拯救行动。

MN：在这个问题上，你确实是对的。但恐惧有一种要超越我们自身的强烈倾向，它使我们变得自私、不加思考，刺激我们采用反社会的行动。我会试着告诉

---

① 富兰克林·德拉诺·罗斯福（1882年1月30日—1945年4月12日），亦简称"小罗斯福"，美国第32任总统。——译者注

你，这种倾向源于进化史及那种情感的心理结构。与其他情感相比，如果不想让它转化为有害的东西，恐惧就更需要接受仔细的审视与受到遏制。

DF：我需要被说服。但我现在还想知道为什么你认为恐惧对民主自治特别危险？当思考如何构建法律和制度时，民主国家确实常常被建议要考虑恐惧问题。难道我们的防范不是一种害怕受到外国支配而作出的合理反应吗？那我们的宪法呢？当撰写《人权法案》时，制订者不也是被恐惧引导吗？毕竟他们记录下了英国人的侵犯或从他们那里夺走的所有东西。他们对这个新国家发生的类似事情的恐惧，给民主提供了一个好的而不是坏的指导。

MN：要否定恐惧常常给出好的引导是愚昧的。毕竟，恐惧是我们为了生存而进化出来的。但你的例子包含了那些排除仔细且广泛的公共慎思的恐惧。你已然忽略了仓促和不合理的军事行动。你已经忽略了不平等地赋予权利或匆匆忙忙地剥夺特殊待遇的情况，而这是公众恐惧所导致的结果。我们有一种习惯，在国家压力下把不受欢迎的人当作替罪羊，并且通过此后会被看成是完全错误的方式来剥夺他们的权利。尤金·德布兹（Eugene Debs）[①]因发表和平演说反对美国卷入第一次世界大战而被送进监狱。忠诚且和平的日本裔美国人被关进了集中营。在这些案例中，恐惧不仅没有把我们引向宪法权利，而且事实上削弱了已经确立的权利，与此同时，同样的恐惧气氛甚至使法院当时无法看到这一点。恐惧会让人在认真思考之前就采取行动。正是受不安全感驱使，从而惊慌失措地匆忙采取行动，因此，我对恐惧充满怀疑。恐惧会破坏友爱，毒害合作，并使我们去做一些事后深感羞愧的事情。

DF：我再次期待你的论辩！你已经说服我存在问题，但我还不知道问题有多大，或者可以用什么办法解决它。但还有一件事你必须尽力跟我说清楚。你讨论

---

① 尤金·德布兹（1855年11月5日—1926年10月20日），美国工党的组织者，1900年至1920年代表社会党五次参加美国总统竞选。——译者注

"恐惧的君主统治"，而你又一直说恐惧给民主自治提出了一个特殊的问题。我不明白的是，你似乎在恐惧与对民主的威胁之间追寻那种特殊关联。就恐惧是一个社会问题而言，难道它不是平等地威胁着所有形式的统治吗？

MN：实则不然。在一个绝对君主政体中，君主当然不能过分害怕，尽管最好也不要过分鲁莽。但君主们从以下方面被恐惧所供养。害怕受到君主的惩罚可以确保顺从；对外界威胁的恐惧确保自愿被奴役：恐惧的人需要被保护与照顾。他们求助于一个强大的绝对统治者来寻求关爱。与之相反，在一个民主国家，我们必须平等地看待彼此，而这意味着相互信任必须把公民联系在一起。信任不仅仅是依赖。奴隶可以依靠主人的残暴行为，但当然他们并不信任主人。信任意味着愿意被暴露，你允许把自己的未来交到同胞的手中。绝对的君主不需要也不想要信任。

试想一下婚姻问题。在以前的婚姻中，男主人就像君主一样，并不需要信任。妻子和孩子只是务必服从。但如今，人们特别渴望的婚姻则更需要相互权衡，需要双方真正依赖，并且能够做到互惠与相互信任。而恐惧破坏信任。如果我把你看成是对我的生命和目标的威胁，我会保护自己不受你的伤害，并且倾向于制定策略，甚至伪装，而不是给予信任。

政治领域也是如此。目前，全国上下都拒绝相信他人。我的学生不信任任何一个投票给特朗普的人。他们把这些人看成是敌对势力，充其量是"可叹的"，而最糟糕的是，他们被视为法西斯主义者。许多特朗普的支持者反唇相讥，认为学生和大学是"真正民主"的颠覆者。

而在这里存在另一种关联性。当感觉到害怕与无能为力时，人们会紧紧握住控制权不放。他们等不及看事情如何发展下去，就要让别人按照他们的意愿做事。因此，当他们不打算寻求一个仁慈的君主来保护他们的时候，他们自己都很有可能表现得跟君主一样。稍后，我将把这种倾向追溯到婴儿试图让照料者成为他的奴隶的方式，意识到自己的无助时，除了尖叫，他们还能做什么呢？也是通过这种方式，恐惧侵蚀着平等交换以及互惠互利——这是民主国家赖以生存的必要条件。它导致报复性的愤怒，当最需要的是对不确定的未来采取具有建设性的合作时，这种愤怒就会产生分裂的后果。

DF：你提到了愤怒。这让我想问另外一个问题：为什么强调的重点是恐惧呢？难道不是有许多情感对民主构成威胁吗？事实上，愤怒不也是这样吗？由于愤怒具有攻击倾向，因此，与恐惧相比，难道我们不应更担心那种情感吗？难道这不是一种觉得受到了不公平对待进而让许多美国人攻击别人的感觉吗？人们也常常认为嫉妒是对民主的主要威胁，它煽动了阶层冲突。最后，还有大量作品谈论种族主义中的厌恶及其他形式的耻辱和歧视所产生的影响。

MN：完全正确。本书的章节确实会讨论这些不同的情感以及它们之间的关联。在我以或多或少相对独立的方式研究每一种情感之后，我已经开始认识到，先前的研究策略模糊了这些情感之间的某些非常重要的因果关系。特别是，我已经开始意识到，不管是从根本上还是因果关系上，恐惧都是首要因素，正是由于恐惧的影响，你刚才提到的这三种其他情感变得有毒，并威胁民主。当然，人们是出于受到不公平对待的感觉才进行反击。但那到底是什么？它从哪里来？为什么人们会产生这种感觉，以及在什么情况下，指责会在政治上变得有害？这些就是我们针对每一种情感所需要追问的问题，而我相信，它们都可回溯到恐惧与生活上的不安全。

DF：但为什么要在情感问题上小题大做呢？美国社会的大问题必定是结构性的，而我们需要结构性的解决办法，不管人们对这些办法是否感到满意，都可以通过法律来实施。为了修复那些需要修复的东西，我们不必等待人们变得更好，或者变得更自觉，而专注于情感甚至会分散我们对需要完成的结构性工作的注意力。

MN：我完全同意结构与法律是至关重要的。我对那些即将浮现的问题有自己的看法。但没有人民的心灵与心智，就无法制定或维护法律。在君主制中，情况并非如此，君主所需要的只是足够的恐惧来产生服从。在一个民主国家里，我们需要更多的东西：对美好事物的热爱，对未来充满希望，与仇恨、厌恶和狂怒——我认为这些情感都由恐惧所供养——所产生的腐蚀性力量作斗争的决心。

为恐惧辩护的人并未感到满意，也不应当感到满意。因为到目前为止，我提供的只是断言，而不是论证或分析。即便如此，辩护者现在应该大致了解我论证的方向。目前与经济、社会、安全相关的问题是复杂的，难以找到简单的解决办法。我们几乎不知道未来几十年工作的方向或有可能发生的情况。医疗费用的不断上涨给任何政党或领导人都带来了难以想象的挑战。就许多公民而言，对稳定就业日益重要的高等教育越来越遥不可及。美国人需要理解中东等地让人费解的政治状况，但却不能进行简单的分析。思考是困难的，恐惧与责备却是容易的。

虽然为恐惧辩护的人可能会提出一个更根本的问题：在这个危机时刻，我们为什么要求助于一位哲学家？哲学到底是什么，它如何帮助我们？

在许多不同的历史传统中，哲学有多种含义，但对我来说，哲学不是关乎权威的宣言。这与一个人声称其思想比其他人更深邃，或者他作出了所谓的明智断言无关，这是关于过一种"被审视的生活"。谦逊地承认我们真的理解得太少，承诺进行严格、互惠和真诚的辩论，愿意倾听他人作为平等的参与者的意见，并对他们提出的东西作出回应。这种苏格拉底式观念中的哲学不会强迫、威胁或嘲弄他人。它并非作出简单的断言，相反，它确立起一种思想结构，在这种结构中，聆听者在自由争论的基础上得出结论。

在雅典民主政治中，苏格拉底向许多人发问。他发现所有人都有能力理解与自我理解。（柏拉图把这一点戏剧化，展现了一个场景：苏格拉底问一个目不识丁和受压迫的奴隶小男孩，在适当的提示下，小男孩想出了一个复杂的几何证明。）哲学上的质疑假定了那种基本能力，但它也表明了我们大多数人忽视了这种能力的培养：人们（正如苏格拉底所发现的，包括军事领导者、文化权威和政治家）并没有真正理清他们的想法，他们在想法不成熟、经常不一致的情况下匆忙采取行动。通过这种方式，哲学欢迎对话并尊重聆听者。不像苏格拉底所质疑的那些过于自信的政治家（尤西弗罗、克里提亚斯、迈雷托士），哲学演讲者是谦逊的与没有掩饰的：他或她的立场是公开透明的，因此容易受到批评。（他或她——由于苏格拉底说如果有来世，他愿意向女性提问，而实际上柏拉图在他的学校里也为女性提供教育。）

苏格拉底关于他的方法与民主自治的目标——当中每个人的思想都是重要的——密切相关的说法是正确的。而他坚持认为这种方法有利于一个民主国家的生活——它提升了公共审议的质量——也是正确的。他说，就像民主后背上的一只牛虻，他把它比作一匹"高贵而迟钝的马"：哲学质疑带来的刺痛本应唤醒民主，以便民主能够更好地运转。

这不是一本关于公共政策或经济分析的书，尽管对解决我们的问题来说，这两个学科都是至关重要的。它是更具普遍性、更内省化的书。它旨在更好地了解推动我们前进的力量，并在这方面提供行动的一般方向。但理解是它的首要目标。理解永远是实践性的，因为没有理解，行动就必然无法聚焦且是临时性的。

哲学家们谈论许多与民主相关的话题。就像以往几十年的许多哲学工作一样，我已经探讨了政治制度和法律问题，总体上说明了正义是什么、什么是所有公民的基本权利或被赋予的权利。在关于防止嫉妒与构建希望的章节中，我将提到一些关于人的权利赋予及"人的能力"的想法，指出它们可能在前进过程中给予我们帮助，但这不是本书集中论述的问题。

我的另一半工作主要关注情感的本质以及它们在我们追求美好生活中的作用。遵循西方哲学的悠久传统，从柏拉图到诸如亚当·斯密和约翰·罗尔斯等现代思想家，（借鉴心理学和精神分析及哲学）我已论证了情感在一个体面的政治社会中所扮演的重要角色。情感会让一个共同体变得不稳定并使其支离破碎，也会产生更好的合作和更积极地对正义的争取。情感并不是与生俱来的，而是通过社会背景和社会规范以数不清的方式塑造出来的。这是一个好消息，因为这意味着我们有相当大的空间来塑造与我们自身政治文化相关的情感。对懒惰且没有好奇心的人来说，它也会是一个坏消息：它意味着，我们需要探究恐惧、仇恨、愤怒、厌恶、希望和爱的本质，思考我们如何塑造它们，从而使它们支持而不是阻碍或侵蚀良好的民主愿望。谈及我们自身的仇恨或过度恐惧并不能让我们逃避责任，"对不起，人原本就是这样"。然而情况并非如此，种族仇恨、对移民的恐惧及热衷于让女性处于从属地位或者对残障者身体感到厌恶，这都不是不可避免的或"自然而然的"。虽然我们所有人都这样做，但我们能够且一定要制止这种做法。

简而言之，我们需要了解自己，并对自己负责。一个体面的社会，有责任关注诸如怎样借助社会努力与体制设计来减少群体性仇恨。即便是把残障儿童纳入"正规"班级，这种直截了当的政策选择也会对恐惧和攻击的模式产生明显影响。我们需要研究这个问题——在这种情况下及在许多其他情况下——继而，在我们所想所知的基础上，选择产生希望、爱和合作的政策，避免那些助长仇恨和厌恶的政策。有时候，我们会表现出更好的行为，仇恨却继续在暗中滋长。但有时候，我们实际上可以改变人们对彼此的看法和感觉——就像把残障儿童纳入主流必定会带来改变一样。（从年轻人开始是有利的。）

哲学不能单靠自身来决定很多的具体政策选择，因为这些政策选择必须结合语境，是哲学、历史、政治学、经济学、法学和社会学之间共同作用的结果。但它让我们知道，我们是谁，在我们的路途上存在什么问题以及我们应该走向何方。正如我所说的，包括平等参与、尊重和互惠在内的哲学方法也塑造了我们应该走向何方的一些重要方面。它是研究我们政治时刻的一部分，而不是整体，但它可以帮助我们所有人过上"被审视的生活"。

正如我刚才已提到的，哲学是一门温和的学科。它以尊重人性的方式待人，从某种意义上说，这是一种爱。它或许经常明确指出："这是错误的。这不是生活该采用的方式。"但当这样做时，它并没有把人排除在外去谴责错误的信仰和不良的行为，而是经常耐心对待他们，尊重他们。我认为，把解决美国问题的哲学方法与非暴力政治变革的方法论联系起来的做法并不冒失，马丁·路德·金（以下简称"金"）的生活和工作就是一个例子。有些政治变革是暴力的，充满了愤怒与对对手的蔑视。金（在这本书中，他将是一个重要人物）坚持一种他称之为"爱"的对待他人的态度，即使他所做的是对不公正的环境作出极其强烈的抗议。即便如此，他仍然说我们必须用爱而不是愤怒来接近对手。他总是马上强调这不是一种浪漫的爱，它甚至不要求我们喜欢那些人。他所要求的爱是尊重人性、善意和希望的结合：我们把人看成是这样的人，他们愿意倾听和思考，最终会与我们一起创建美好的东西。哲学分享的那些方案和希望，正如我在此运用它一样。

我会以恐惧为起点进行论证，不出所料，表明它是如何既在时间顺序上又在因果关系上都占据首要地位，它在我们很小的时候就死死地抓住我们不放，然后或多或少地为我们的余生着色。这一分析已经体现了一些控制与减少恐惧的策略，尽管也推断出，我们不能完全摆脱恐惧所带来的危险。

继而，我考虑三种情感。在某种程度上，它们在我们的私人和公共生活中独立于恐惧，但当注入恐惧时，它们就变得特别有害：愤怒、厌恶和嫉妒。我首先分析其中的每一种情感，然后展示它们在民主政治生活中的不良影响。

接下来，我用一章专门探讨针对女性的负面政治情感。在我们新近的政治话语中，这些情感尤为突出。我剖析性别主义（我把它界定为一套宣称女性不如男性的观点）和厌女症（我将它定义为一种强制性策略，一种恶毒的仇恨与仇恨行为，旨在让女性"安分守己"）之间的关系。我认为，厌女症通常基于性别歧视的信念，但不一定必须如此——往往是一种恶毒情绪的结合，混杂着带有惩罚倾向的愤怒、对身体的厌恶（与性欲不相容），以及对女性日益增长的具竞争力的成功的嫉妒。

最后，我转而讨论希望、爱和工作（行动）——由于每一个章节都已经包含了具有建设性的建议，建议容纳或克服每一种情感具破坏性的方面，因此也可以说，这反过头来回到了这些话题。我对我们的未来持谨慎乐观的态度，恰恰在似乎特别难以相信这些美好的情感可能指引我们的时候，关于希望的哲学分析提出了培养希望、信仰及对人类的热爱的策略。

尽管我的确使用了近期的政治案例来强化我的观点，但目的是引起反思、反省与批评性的辩论。为了达到目的，我经常地援引一些历史上的例子，特别是从古希腊和古罗马那里引用的例子，我对它们深有研究。正如我在教学中所发现的那样，当我们从日常生活中退一步时，经常会作出更好的思考，彼此之间的关系也会更好，因为我们眼前的恐惧和愿景有可能受到威胁。

第二章

恐惧，早期的与强有力的

你正躺在黑暗中，潮湿，寒冷，饥饿，口渴，不断抽搐。它们组成了你，而你除了痛苦以外什么感觉都没有。你试图尖叫，以某种方式发出一个声音——但什么也没有发生。你尝试或开始尝试着挪动到某个地方，什么地方都可以，以便于摆脱这种痛苦。但四肢动不了。除了在空中毫无用处地挥手以外，你无法让它们做任何事。你看，你听，你感觉，但你不能挪动或行动。你完全陷入了彻底的无助状态。

这是噩梦的产物。我们大多数人都有过感到无助的噩梦，在梦中，我们试图远离一些可怕的危险，但我们的腿却难以挪动，我们试图尖叫，却又发不出声音，或者没有人听到。在噩梦中，我们对那些追着自己的坏人或怪物充满了恐惧，但实际上我们更是对自身的无能为力感到恐惧，甚至愤恨。

而通常这种恐怖的事情也是每个婴儿在日常生活中所经历过的。小牛、小马、小象、小狗、长颈鹿、海豚——所有的其他动物，或多或少在出生后就学会了快速移动。如果它们不能直立、照顾自己，并且很快与母亲一起行走或游泳，用自己的身体去获得它们所需要的食物，那么它们便是有着严重的缺陷，并且几乎一定会死去。无助意味着结束。孤独的人在很长一段时间里是无助的，而孤独的人在这种无助的状态中生存下来。正如公元前1世纪的罗马诗人卢克莱修——他是我在思考情感问题时最青睐的引路人——可指出的，婴儿"当伴随着宫缩，被从其母亲的子宫里抛出，被抛上光明的海岸时，就像一个从汹涌的海浪中被抛出来的水手那样，光着身子躺在地上，说不出话来，需要各种帮助才能活下去。它使得到处都充满了悲伤的哭泣，这种情况也适用于某些人，对这些人而言，生活依然存在这样的麻烦"。①

卢克莱修不形于色地评价道，其他动物不需要摇铃或婴儿式的谈话；它们不需要因不同季节而穿上不同的衣服。它们不需要武装自己，不需要高高的城墙。毕竟，地球或自然本身提供了其他任何一种动物所需的一切。

我们来到了一个我们还没有准备好应对的世界。（至关重要的是，我们从来没有真正地准备好。）我们无助地躺在那里，特别软弱与脆弱，等待着别人提供我们所需的食物、舒适和安慰。在子宫里经历了生活中的舒缓起伏——自动获取营养且排泄不存在问题——之后，突然出现了剧烈的分离、冷空气的拍打与痛苦的孤独无力。人类的婴儿身体发育非常缓慢，而认知能力却迅速发展，从很多方面来看，两者之间的不一致是一个噩梦。②你知道需要什么，但你却不能移动去得到它。你感到疼痛，但却不能消除它。后来的噩梦毫无疑问会让人回想起这种早期的痛苦。对恐惧的神经学研究得出的结论认为，早期恐惧刺激的伤疤持续了下来，很难改变。③

---

① 提图斯·卢克莱修·卡鲁斯大约生活在公元前99年到公元前55年，是罗马共和国开始长期衰落并沦为暴政期间。作为希腊哲学家伊壁鸠鲁（公元前341—前270年）的信徒，他创作了一部六卷本的扬抑格史诗，以此传播伊壁鸠鲁关于恐惧、侵略和宇宙结构的学说。由于他比我们接触到更多的伊壁鸠鲁作品，因此，难以说他作出多少创新，但可以肯定的是，一切让人印象深刻的诗歌意象及至少一些哲学（特别是调和伊壁鸠鲁主义和罗马价值观的那些部分）都是他自己的。他的著作有许多不错的翻译。在这本书当中，我采用了自己的译文，译文比较平淡，主要按照字面意思进行翻译，但我最喜欢的、能抓住诗歌之精神的是罗尔夫·汉弗里斯（Bloomington, Indiana University Press, 2008）的翻译。
② 基于我们目前从研究中全面了解到的成果，成功地进行了再创造的是心理学家丹尼尔·斯特恩的*Diary of a Baby*（New York, Basic Books, 1990）；一个更平淡的版本是他的*The Interpersonal World of the Infant*（New York, Basic Books, 1985）。
③ 参见接下来的勒道克斯的讨论。

你的确意识到了发生在你身上的事。[①]当满月的时候，婴儿就能把父母与其他人区分开来，尽管他在很久以后才能真正看到一个完整的人，或明白在他的视线范围内进进出出的闪动影像是具有稳定性的物质。事实上，婴儿甚至要花几个月时间才能把自己身体的各个部分（脚、手）与身外的物体辨别开来。婴儿不断经历着相同性和外在性，抓住自己的脚趾，把自己的首要部分（手指）和不属于自己的那部分（毯子末端、奶嘴）放进嘴里。不过，在婴儿能够自己走路以前的很长一段时间，学习已经开始了——单纯的叫喊逐渐变成了比较能辨清的音节。

我们通常在这种情况下存活下来。如果没有被塑型或转型，我们就无法生存下来。基因上首先生成的恐惧感始终潜藏在所有其他情感背后，影响着其他一切情感，慢慢蚕食着爱和互惠的边缘。

也会有好的时光。正如卢克莱修所理解的那样，痛苦的世界也是一个快乐的世界。"（被抛上）光明的海岸"是我们已来到的地方，进入一个让人感到惊叹的美丽和兴奋的世界。光让人着迷，事实上婴儿的第一次主动运动是用眼睛跟随光，但最初的喜悦和爱很快就被与需求相关的痛苦所淹没。

也会有更安静舒适的时光。你吮吸着乳房或瓶子。你被一个温暖的身体托着，它闻起来有一点甜，有一点咸。你被安抚人的双臂抱着，但那不是你造成的结果。不知何故，它只是发生在你身上，而你到目前为止还不知道当你需要它的时候，你是如何使它发生的。即使当你开始发现尖叫过后常常接下来（过一段时间）就有喂食与安抚，但这仍然不同于你有能力安慰或喂养自己。你能得到你所需要的东西的唯一方法是，让这个世界的其他地方帮你获得。

---

① 因此，我拒绝弗洛伊德简单的享乐主义，这种立场在很大程度上并不认为婴儿能意识到客体；在此，就像在其他作品里那样，我追随诸如费尔贝恩特别是唐纳德·温尼科特等"客体–关系"学派的思想家，温尼科特目前是美国精神分析训练的主导力量。梅兰妮·克莱因的思想接近这个学派，但却是一个不接受被归类的独一无二的人物。对这三者之观点的详细讨论参见*Upheavals of Thought: The Intelligence of Emotions*（New York, Cambridge University Press, 2001），第五章。

　　政治自人类出现之时就开始存在了。大多数政治哲学家都是男性，即使有了孩子，他们通常也不会花时间跟孩子在一起，也不会密切观察他们。卢克莱修富有诗意的想象力已经把他带到了他或许并没有生活其中的地方。然而，当伟大的早期民主理论家让-雅克·卢梭（1712—1778）——一个18世纪建构具革命性的反君主制政治理论的主要人物——怀着对婴儿心理学及其对民主筹划之危险的深刻理解，写下了儿童教育理论时，哲学向前迈进了一大步。[1]卢梭与慈爱的父母相反：他在他所有的孩子（四个或五个，都是私生子）出生时，都把他们送到弃婴医院，甚至没有记录他们的出生日期。然而，在某种意义上，通过他在教育他人的年幼孩子方面所做的各种实验，通过与妇女的对话，通过对自己童年的回忆，通过他对卢克莱修和其他罗马哲学家的著作的仔细阅读，通过他自己的诗歌想象，他认识到人早期的需要如何给他所追求的政治秩序制造麻烦。

　　卢梭明白，人的生命不是以民主的形式而是以君主制的方式开始的。作为看护者宠爱的对象，婴儿除了让其他人成为奴隶以外，无法借助其他途径存活下来。婴儿是如此虚弱，以至于它们要么统治，要么死去。他们没有能力通过共同劳动或互惠，而只能通过命令和威胁，通过利用他人给予的值得尊敬的爱，才能得到东西。[2]（在信中，卢梭讲得很清楚，他抛弃孩子的原因只是没有时间去照顾孩子。）

　　什么样的情感开始在婴儿尚未展开的生命中扎根？很难说在子宫里就有情感，尽管到后期最终会产生感觉，因为情感需要对外在事物有一定认识，不管这些认识

---

① 卢梭的观点并非我的观点；《社会契约论》中以"公民宗教"为标题的那个章节，提出一种具有强制性的同质化思想和言论，没有为言论自由、新闻自由及结社自由留出空间，对他的美国同行、对英国思想家诸如约翰·洛克以及后来的约翰·斯图亚特·密尔而言，这些自由是如此珍贵。

② Rousseau, *Emile: or On Education*, trans. Allan Bloom（New York, Basic Books, 1979），第一卷，第62~67页，特别是第66页。"因此，他们的弱点——他们依赖感的首要来源——随后产生了帝国和统治的念头。"卢梭相信，通过鼓励自由活动和自给自足地照顾自己，一个人可以很早就开始抵抗这种令人害怕的依赖。我没有跟踪其观点的详尽细节，但受诸如斯特恩等心理学家尤其是温尼科特的观点的影响，我以自己的方式发展了他最初的洞察力。

多么让人难以理解，也需要对那些事物有一些想法，尽管只是初步的、不成形的想法。因此，情感出现在出生后的世界，在这个世界里，我们与各种好的资源相分离并期待着它们出现，模糊地意识到它们处于不受我们操控的外面的某个地方。对困在这样的噩梦中的婴儿而言，一种具压倒性的情感对日常生活产生持续且深远的影响，这种情感就是恐惧。大人们被婴儿徒劳地乱蹬的行为所逗乐且未被其哭声所惊扰，因为他们知道将要喂养他，帮他穿衣服，保护他与照顾他。他们对他要被安抚的明显需求的回应是紧抱着他，说婴儿式的话。（甚至在古罗马时期也是如此！）通过摇晃的动作来模拟子宫进而提供安全。但成年人自己并不害怕，因为他们认为没有什么不良的事情发生——除非有其他危险信号，如发烧或牛奶不耐受。然而，婴儿的世界对信任、规律或安全一无所知。他有限的经验与短视意味着，只有现在的痛苦在它持续的时候才是完全真实的，而快乐的抚慰时光转瞬即逝且不稳定，所有的一切瞬间又返回到不满足的状态和惊恐状态。即便是快乐本身也很快被焦虑所玷污，因为对婴儿来说，快乐似乎转瞬即逝，一切都太有可能溜走了。

界定恐惧

哲学家喜欢下定义，心理学家也是如此。每个领域内部都存在着关于恐惧的分歧，然而，根据最近对人类情感和动物情感两者的跨学科研究，一种具共识性的共同基础已经形成。这种共识包括这样的观点，即（在人类和其他动物中）几乎所有情感都涉及某种处理动物福祉的信息。即便是没有语言的动物也有思想——以某种对它们而言是好的和坏的形式表现出来——而且这些想法被融入它们的情感中。因此，情感并不像无意识的强烈感情：它们关注外界，并评价这个世界的事物和事件。特别是，它们记录着动物的脆弱性和我们对外在于己的东西的依赖与依附。（这就是为什么古希腊人和罗马斯多葛主义者赞成消除几乎所有的情感，除了某些诸如对宇宙惊奇或对某人自身的完整性的平静安详的喜悦以外，在他们看来，这并不涉及对"运气之善物"的不明智依赖。）①

恐惧不仅是人类生活中最早出现的情感，而且也是动物王国里最广泛地"分享"的东西。要有同情心，你就需要一套相当复杂的想法：他人正在受苦，这种痛苦是不好的，从中解脱是件好事。一些动物（猩猩、大象）具有这种情感，但它要求有相对复杂的思考。要有能称得上是成熟的愤怒，而不仅仅是恼怒或原始本能性的盛怒，你还必须有能力作出因果判断：有人对我做了某事，它是错误的。但要感到恐惧，你所需要的只是觉察危险正在逼近。亚里士多德把恐惧定义为当似乎存在某件即将发生的坏事时人们感到的痛苦，与之相伴的是你感到无力避开它。②该观点相当正确，其所涉及的想法不要求有语言，它们只需要有关乎对自身是好的还是坏的感知和某些感觉，不管这些感知和感觉多么模糊。这就是某件坏事正在逼近，而我却束手无策。

那感觉呢？恐惧当然伴随着某种强有力的主观感受；人们通常提到"无意识颤抖"或"心绪不宁的抖动"。我们是否应把它添加进定义中，认为如果不具备这种感受，就不是真正的恐惧？有三种理由解释为什么我们不这样做。首先，不同人对恐惧的感知是不同的，这取决于他们的经历和性格。难道我们真的想说，有勇气的士兵假如保留了一种正常人对死亡的恐惧，那么他必定会暗地里颤抖吗？亚里士多德说，即便是最勇敢者也确实会对死亡感到恐惧，要是不这样，他们肯定是疯狂的。③我们不需要那种把生命看成是廉价的士兵。但对于有纪律性的士兵而言，意识到危险所产生的感觉通常不会是颤抖那样。

我们还可以更进一步说，在很多情况下，人们甚至在没有意识到恐惧时就有恐

---

① 利用哲学和心理学，我论证了这一总体思路，参见 *Upheavals of Thought: The Intelligence of Emotions*（New York, Cambridge University Press, 2001）。我刻画的某些部分存在着争议，但并非这里所表达的总体思路。

② Aristotle, *Rhetoric* II.5, 1382a21–5.

③ Aristotle, *Nicomachean Ethics* III.9, 1117b7–16.

惧。我们中的大多数人每天在做许多事情时都受对死亡的恐惧所驱动。我们不走在汽车前面（除非我们把智能手机看得比生命更珍贵！）。我们努力守护自己的健康，我们去看医生，等等。对死亡的恐惧往往是非常有用的，但它通常与意识无关，就像我们相信重力，相信物理客体的坚固性一样——非有意识的，但却处处依赖。

我们不需要一种研究压抑的精神分析学说来告诉我们恐惧时常潜伏在心灵表面之下。但我认为，我们可以而且也应该走得更远一些：我们把这种恐惧抛诸脑后，这是安静平和的日常生活的本质。卢克莱修（可能是第一个提出无意识恐惧的理论家）认为这种努力有时会成为一种负担。因此，我们可能有一种"大山压胸"的感觉，而不是感到颤抖。或者是，我们会作出发疯似的逃避行为，一些似乎毫无目的而只是为了分散注意力的不安行动。试想一下航空旅行。有些人有意识地害怕飞行。然而，我们中有更多的人把这种恐惧抛诸脑后，但内心依然感觉到有压力与紧张，而且比平时更需要通过电子邮件、食物或漫无目的的攀谈来分散注意力。我们可能只是比平时更易怒，或者更难以集中注意力。

最后，科学家们近期倾向于赞同亚里士多德的观点：一切动物，不仅仅是人类，都害怕在外面有某些似乎可能伤害他们的东西。[1]（亚里士多德是一位伟大的生物学家，他对动物的情感提出了很多理论。）人们普遍认为，恐惧的产生是由于它在维持动物生存方面发挥作用。然而，假如我们要讨论的是老鼠的恐惧，应该说它是什么样的感觉呢？我们可以肯定动物有丰富的主观经验，但假装知道它们感受到什么则是非常轻率的。

恐惧确实包含感觉，然则，难以通过任何特定的感觉类型来定义恐惧。当我们坚持那种判别事物好坏的意识时，这似乎是恐惧不容回避的核心部分，同时也是解释动物行为所必需的，此时我们处于更安全的境地。故而，我们当然可以认为，恐惧主观性的一面是重要的，让我们呼吁诗人和小说家帮助描述它的众多类型和事

---

[1] Aristotle, *Historia Animalium*，有很多参考资料。

例。但现在，让我们把注意力集中在把所有事情融于一体的客体意识上。

那大脑呢？在这里，我们需要参考最近的研究成果。在他的重要著作《情感脑：情感生活的神秘基础》①中，神经科学家约瑟夫·勒道克斯已精彩地论述了恐惧感是如何与杏仁核（位于大脑底部的一个杏仁状的器官）发生密切关联的。当生物体报告出现恐惧或者他们的行为被合理地解释为恐惧时，杏仁核就会被唤醒。勒道克斯还表明了，特定明确的诱因会让人产生与恐惧相关的反应，毫无疑问，这要借助保留下来的进化机制。例如，蛇的形状总是会让杏仁核运转起来。

杏仁核是一种不同寻常的原生器官。不管其他的感知器官和认知器官的水平如何，所有脊椎动物都有这个器官，并且可辨认出他们以相同的方式拥有杏仁核。显然，杏仁核的作用有助于解释为什么所有动物都具有恐惧感。在经历恐惧时，我们利用共同的动物遗产，而不仅仅是灵长类甚至脊椎动物的遗产。恐惧可直接追溯到爬行类动物的大脑。

勒道克斯小心地避免论述恐惧"存在于"杏仁核里，也不认为了解杏仁核的作用就能完全解释恐惧。首先，他没有在人类身上做实验。其次，他非常清楚，在所有的动物中，恐惧依赖于整个网络，而杏仁核只有在一个更为复杂的系统中才能发挥作用。如果这在老鼠身上如此，那么在人类身上情况就更有可能是真的。人类关于危险的信息有许多来源，包括感知的、语言的、智力的。此外，人类的大脑是可塑的——这种说法是合情合理的，并且在不同的个体那里，他们的大脑处理一种单一的情感的方式有可能存在许多差异。

仅仅通过描述大脑的状态无法很好地解释恐惧。好的解释需要谈及生物体对客体的主观意识，以及关乎对他们而言是坏的环境或物体的模糊或不成熟的想法。（在大多数动物和人类婴儿那里，它自身或许是一种模糊的不成熟观念。）

随着时间的推移，这种意识通过学习来调节。我们学习关于自身世界的规划，

---

① New York, Simon and Schuster, 1996.

学习其中的好坏。这让恐惧看起来更像是与人性相关，而更不像是一种原始本能。同样值得强调的是，恐惧是一种老鼠也能拥有的情感，其形式不会与小孩的恐惧有太多区别。即便没有语言和更高级的思想，老鼠也有关于好坏的心理地图。勒道克斯强调，即使我们最初的恐惧经历接下来会有复杂的、经学习而获得的情感形式伴随其后，但早期的恐惧条件会对有机体产生持久的影响。事实证明，它很难被消除。我们都知道在危险时刻恐惧如何膨胀起来，它又如何驱动我们的梦想。

与恐惧相关的政治

恐惧不仅是原生的，而且是反社会的。当具有同情感的时候，我们就会面向外界：我们想到正发生在他人身上的事情及其原因。我们不会同情动物，除非我们认为这是某个丰富多彩的社会网络的一部分。狗、猿和大象也许会富有同情心地关心其所处世界的其他生物的命运。研究这些物种的科学家得出结论，认为它们有复杂的社会意识，且情感与之相伴。但你不需要社会具有恐惧；你只需要你自己和一个充满威胁的世界。事实上，恐惧是极度自恋的。它驱走了所有关乎他人的想法，即使那些想法已经以某种形式扎根下来。婴儿的恐惧完全集中在自己身上。继而，即便我们变得有能力关心他人，恐惧也常常会赶走那种关心，使我们回到幼稚的唯我主义。士兵们认为战斗中的恐惧牵涉到他们整个身体全身心地向内聚焦，这构成了他们的世界。[①]（这就是为什么军事训练必须如此具有强迫性地专注于建立团队忠诚，因为它必须抵消一种根深蒂固的相反倾向。）

或者试想一下我们与医学界不无焦虑的互动。当我们得到具有威胁性的医学消

---

① 一个引人注目的描述参见Erich Maria Remarque, *All Quiet on the Western Front*, trans. Brian Murdoch（London, Random House, 1994; original German publication 1929），第37页。在战争中严重受伤之前，18岁的雷马克在西线服役了几个月；他住在一家陆军医院，直至战争结束。

息时——甚或是当我们进行常规检查并认为我们有可能得到一些坏消息时——我们有可能完全以自我为中心和保持高度警惕。（在医生办公室里血压升高的普遍经历，是一种感到无助的焦虑复发的迹象。）当然，我们经常为我们的孩子和其他被爱的人担心，并为了他们而保持高度警惕。但这仅仅意味着自我变得更大了，并且对恐惧的强烈痛苦意识排斥那些关乎更宽广的视界的想法。

伟大的小说家马塞尔·普鲁斯特设想了一个小孩（他的讲述者），他向来特别容易心生恐惧，特别是睡觉的时候。[①]对于年幼的马塞尔而言，惊恐会建议他做什么呢？建议他应该让他的母亲到他的房间来，待在那里，尽可能地晚一点离开。（他指出，她的存在所带来的安抚，已经被意识到她即将离开这一点所玷污了。）马塞尔的恐惧使他需要控制别人。他对怎样才能使他的母亲快乐并不感兴趣。被恐惧所支配，他只需要她听从他的指挥。这种模式标示出他后来所有的关系，特别是与他的挚爱艾尔伯汀的关系。他无法忍受艾尔伯汀的独立。这让他感到太焦虑了。缺乏完全意义上的控制使他因恐惧和嫉妒而发疯。他以极大的自知之明叙述了这个不幸的后果，那就是只有当艾尔伯汀睡着的时候，他才有安全感。他从来没有真正爱过她，因为她就是她而不是他自身。

普鲁斯特支持卢梭的观点：恐惧是一种绝对君主式的情感，它什么都不在乎，谁也不在乎。（卢梭认为，法国的国王们不会同情他们统治的人民，因为他们无法想象任何一种共同的世界，或与他们互惠互利。[②]）但也不一定如此，其他动物几乎一感到害怕就为自己做打算，据我们所知，它们的恐惧始终在一定范围内而不会妨碍关心与协作。比如，大象几乎从一出生就与种群互惠互利。它们会跑到成年雌性那里寻求安慰，也会和其他幼象或成年象一起玩游戏，它们逐渐学会了让大象的生

---

① Proust, *Remembrance of Things Past*, trans. C. K. Scott Moncrieff and Terence Kilmartin（New York, Vintage, 1982）, vol. I.

② 参见*Emile*, book IV。

活格外具有公共性和利他性的情感。

而人类的婴儿是无助的，它只有一种方式获得想要的东西：利用他人。

关心、互惠、游戏

婴儿如何克服恐惧的自恋？我们平淡无奇的叙述现在必须变得更加巧妙，因为我们远不止是那个专横的婴儿，迫使别人服从它①的命令。而思考我们如何把自己从幼稚的自恋中解救出来，或许有助于反思如何使自己摆脱非常自恋与受焦虑驱动的政治时刻。

舒适和快乐的时光会带来爱和感激。这些情感既在发展顺序上晚于恐惧，在结构上也比恐惧复杂。爱不仅仅是自恋的需要，还需要有能力把他人看成是一个独立的人，想象他人的感受和愿望，并允许那个人过上独立的、非奴役的生活。因此，这涉及走出君主专制而朝着民主互惠的方向前进。

这种前进是不均衡的、摇摇欲坠的和不确定的，但是想象另一个人的生活的能力能推动它前进，就像由看护者显而易见的爱和善意所激发的爱的回报那样。也许感恩和互爱是有进化基础的。物种生存所必需的父母和孩子之间的纽带，至少需要有限度的互惠关系。父母需要感到他们的投资能获得某种回报——这就是为什么照顾患有严重情感障碍（例如有严重自闭症）的儿童是如此困难的一个原因。在史前时期，这样的儿童很可能会被抛弃。以婴儿为实验研究对象的心理学家（尤其是耶鲁大学的保罗·布鲁姆）认为，进入看护者世界的能力——成为一个"读心术者"——出现得很早。对正常的成年人而言，那种能力显然是极为重要的。②罗伯特·黑尔对精神病患者的研究结论表明，缺乏"读心术"与真正的相互关心，是这

---

① 纳斯鲍姆用"it"来指称婴幼儿。——译者注

② 参见Paul Bloom, *Descartes' Baby: How the Science of Child Development Explains What Makes Us Human*（New York, Basic Books, 2004）。

些严重残疾的个体的特征，他们可能是天生的，而不是人为的。[①]

即便如此，我们都有以正常人自恋的形式模仿精神变态的倾向。我们不会经常停下来思考我们的言行对别人的内心生活意味着什么。如果他们和我们很不一样，或许我们甚至都不能指出相互间的区别。即便当我们确实尽力了，但常常也是为了一个狭窄的圈子里的人，我们的家人、我们的团体：为了我所说的那个"范围更大的自己"——因此，我们所使用的自身的道德能力依然在根本上是自恋的。同样，常常发生的情况是，即便我们完全了解我们的言行对他人而言意味着什么——它们会带来痛苦或羞辱，或是带来沉重的负担——我们对此也并不关心。在自恋的焦虑世界中，我们在困难和恐惧时再次开始膨胀，而这会对我们迈向道德成熟和具建设性公民身份的时断时续步伐构成危害。

18世纪的哲学家亚当·斯密（殖民征服和奴隶贸易的早期反对者之一）观察到，当恐惧是如此容易地让人回想起自我时，人们很难关心与之相距甚远的人。他的例子是，听到中国的一场地震灾难的消息时，一个身在欧洲的仁慈的人会感到极度不安和担忧——暂时如此。但如果他又听说自己（斯密通常把男性作为设想的对象）第二天将失去小指，他将会完全忘记数百万人的命运："与他自己这种微不足道的不幸相比，庞大群体所遭受的毁灭显然更难以引起他的注意。"[②]

早期与孩子的互动，有助于我们在什么方面更愿意与他人合作？思考这个问题将会使我们作出富有成效的社会回应。

只要幼儿感到无助，无法做到在独处时没有恐惧相伴，那么互惠和爱就不会发展起来。唐纳德·温尼科特是一位伟大的精神分析学家，同时也是一位儿科医生。他观察了成千上万健康的儿童，得出结论，认为与可怕的情形和君主式奴役相关的

---

① Robert D. Hare, *Without Conscience: The Disturbing World of the Psychopaths Among Us*（New York, Guilford Press, 1999）.

② Adam Smith, *The Theory of Moral Sentiments*（Indianapolis, Liberty Classics, 1982）, III.3.5, p. 136.

邪恶情形并不常见，①现实的状况通常更乐观一些，尽管不容易做到且有很大倒退。婴儿渐渐地发展出独处的能力。这是如何发生的呢？温尼科特观察到的一个关键点是他称之为"过渡性物品"的作用，即当父母不在的时候，孩子们用毯子和动物毛绒玩具来安慰自己。（他喜欢查尔斯·舒尔茨的《花生》，并想知道莱纳斯的毯子是否反映了其想法的影响。）抱着毯子或泰迪熊可以平息恐惧，所以孩子不需要如此频繁地对身边的父母发号施令；温尼科特所说的"成熟的相互依赖"的基础开始奠定。

最终，儿童常常发展出"在它母亲面前独自玩乐"的能力，不再总是需要父母也能自娱自乐，即便他或她可能就在视线或听力范围内。（温尼科特明确指出）"母亲"是一种角色，而不是一个特定的性别人物；他为自己的母性感到自豪，并经常在书和电影中支持女性角色。安全和信心开始使得健康互惠成为可能。

在这个阶段，儿童开始有能力将其父母跟完整的人建立起关联，而不是把他们看成是自己需要的延伸。民主的自我即将形成。

温尼科特认为，这一阶段通常会导致痛苦的情感危机：因为儿童现在明白了，他所爱与所拥抱的人，正是他在需求遭遇挫折时将具有攻击性的、愤怒的欲望所指向的人。然而，真正的道德生活在此开启，因为出于对其自身的攻击性感到失望，儿童逐渐发展出一种"关心能力"：父母一定不能被毁掉，而我一定要成为那种不毁掉父母的人。道德与爱是相辅相成的，正是因为爱才让孩子感受到自身侵略性的坏处。温尼科特认为，在这一发展过程中，富有想象力的戏剧发挥着至关重要的作用。通过故事、歌曲和游戏，用毛绒玩具、洋娃娃和其他玩具演绎出快乐和恐怖的故事，儿童绘制出一幅关乎世界可能性和他人内心的图景。他们开始变得慷慨和具

---

① 温尼科特是一位多产的作家，而对这一章尤为重要的是 *The Maturational Processes and the Facilitating Environment*（Madison, CT, International Universities Press, 1965），以及 *Playing and Reality*（Abingdon, Routledge, 1971）。

有利他主义精神。温尼科特一直强调艺术在伦理和政治上的意义，对成年人而言，艺术在幼儿的生活中继续发挥良性作用。他说："如果我们只是理智的，那么我们确实是穷人。"[1]

孩子不能单靠自身来达到情感成熟。他们需要稳定和爱的关怀，这种关怀让他们打消疑虑，认为即便是他们的恐惧和侵略性也不会消解父母的爱。克服恐惧——在我们始终力所能及的范围内——是一个相关的问题。爱和支持最能贴切地表达出温尼科特所说的"便利环境"。父母必须接受孩子的仇恨，不要害怕或沮丧——温尼科特强调，大多数父母在这方面做得足够好。他或她必须"继续做自己，对其婴儿充满同情，在那里接受自发的姿态，并感到高兴"。

但如果把童年想象成一个充满游戏、玩具的快乐天地，那我们就是在自欺欺人。早期恐惧的可怕黑暗总是潜藏在表面之下，很容易被任何破坏稳定的新进展唤醒而成为噩梦：童年时期的疾病，父母的疾病或死亡，一个新的兄弟姐妹的诞生。

当加布里埃尔的父母把她带到温尼科特那里治疗时，她两岁半。[2]妹妹出生以后，这个小女孩因焦虑和噩梦而变得有缺陷。他们的中心议题是一个可怕的黑暗危险威胁着她，以某种方式与新生婴儿及她父母对她的关注发生关联。她想象着一辆名为"巴巴卡"（babacar）的可怕的黑色火车把她带到某个未知的地方……最糟糕的是那个"苏什婴儿"，一个婴儿形状的让人痛苦且十分丑陋的魔鬼。（她妹妹的名字叫苏珊。）

加布里埃尔（在分析研究中以她的绰号"小猪"而著称）的父母充满爱心、耐心且有趣。她的父亲甚至也参与了分析研究，有一个吸引人的描述，讲到他如何在

---

① 温尼科特周期性地重复这一说法，一个例子是在 *The Family and Individual Development*（London and New York, Routledge, 1965），第61页。

② D. W. Winnicott, *The Piggle: An Account of the Psychoanalytic Treatment of a Little Girl*（London, Penguin, 1977）.

温尼科特的竭力主张下，从温尼科特身上滑到地板来模仿这个新生儿的诞生。她显然是一个异常敏感的孩子；并非所有的孩子都因这种"正常"的事情而被焦虑严重地困扰着。但重要的是，要记住，在某种程度上，把加布里埃尔带到温尼科特身边的恐惧是所有孩子都有的恐惧，即使这些恐惧表现得不那么严重，或是更少地被敏感与善于观察的父母所注意到。她的故事是独特的；但也可以代表我们所有人，因为幼年时期是一个反复出现恐惧和不安全的时期。

（根据孩子自己的要求）分析研究以定期访谈的形式持续进行，直至加布里埃尔五岁的时候。温尼科特的笔记表明，分析的关键在于，他对孩子内心世界的绝对尊重，以及他进入这个世界的非凡能力。在第一轮的笔记几乎是开篇的位置他说道："我已经和坐在桌子旁的地板上的那只泰迪熊交上了朋友。"温尼科特让加布里埃尔和她的父母都感到安全，形成了一种"具持续性"的氛围，在这种氛围中，恐惧可以逐步被表达出来，并最终消退。她父亲扮演成一个婴儿的游戏，是一个说明温尼科特具有创造性洞察力的典型例子：因为如果父亲模仿婴儿时期的恐惧，从而使自己变得脆弱——我会补充说，以戏剧的方式做这样的事情会带来笑声和欢乐——这会帮助孩子管理好她自己的恐惧。与之相似，加布里埃尔针对新生婴儿而感受到的无助的恐惧及攻击性被融入到好笑的游戏中，在游戏中她用一个假装的擀面杖击打温尼科特。游戏给她提供视角，帮助她掌控自己的攻击性。

分析研究结束时，加布里埃尔不得不向温尼科特告别，这是一种潜在的创伤。当他们坐在一起的时候，温尼科特说："故而，你所发明的温尼科特全都是你的了，而现在已经不能再和他打交道了，而且也没有其他人能得到他了。"（他以这种方式提醒加布里埃尔，他们有一种独特的关系。她害怕妹妹会在父母的爱中取代她，现在她肯定会担心新病人会在温尼科特的爱中取代她。但爱不是这样的——他说，它是一种独特的纽带。）两人坐在一起读一本关于动物的书。然后，他说："我知

道你什么时候真的感到害羞，那就是当你想告诉我你爱我的时候。""她非常肯定
地表达了赞同。"

2017年，一名已经写过这个案例的分析师黛博拉·卢普尼兹追踪到加布里埃尔，
并且跟她作了一次长长的访谈，这篇访谈近期发表出来了。[①]加布里埃尔让自己成
为了一名心理分析治疗师。她告诉卢普尼兹，在她看来，她母亲的家庭是捷克犹太
人和大屠杀中的难民，这是非常重要的（她的父亲是英国的犹太人）。加布里埃尔
自己的真名是艾斯特。事实证明，她父母自身仍被恐惧所麻痹，以至于他们无法用
她的真名称呼她，正如她所说的那样，这"承载着家庭的犹太历史和创伤"。她记
得的分析研究相对较少，但她确实记得擀面杖游戏以及她感到多么羞愧，因为她知
道温尼科特已经生病了，而她那时候却让他"很拼命地玩"。令人吃惊的是，唤醒
对对方的关心的这一刻是她印象最深刻的记忆。

具有促进性的环境（第一部分）

加布里埃尔的案例提醒我们，童年本来就是一个充满惊恐的时期。关怀、爱
和互惠是让人难以置信的成就，它们战胜了情感强烈的对立面。温尼科特总结道，
到目前为止，大多数父母都做得很好。孩子不需要完美，而要求完美往往会以既
伤害父母也伤害孩子的方式让父母倍感压力。他们只需要认为"足够好了"即可。
但温尼科特经历了两次世界大战，目睹许多儿童因分离、亲人缺席和暴力而受到
伤害。（也许加布里埃尔的母亲不自觉地把她明显感受到的对大屠杀的恐惧部分地
传给了她的孩子；诡异的是，"巴巴卡"看起来像德国的运输火车。）他也清楚地
知道，父母会对子女在情感上甚或是生理上造成重创。他自己也受到了一个病态

---

① Deborah Anna Luepnitz, "The Name of the Piggle: Reconsidering Winnicott's Classic Case in Light of Some Conversations with the Adult 'Gabrielle' ", *International Journal of Psychoanalysis* 98（2017），343–70.

的、抑郁的母亲及一个残酷的父亲的伤害，后者嘲笑他在性别上没有随顺习俗。[①]
他说，这种"对自我核心的侵犯"比"被食人族吃掉"更让人痛苦。其结果是，在
人到中年以前他都是性无能——直至他遇到他的第二任妻子克莱尔，她是一名社会
工作者，她在性别问题上以她自身的方式没有随顺习俗，并且也是一个有趣、善良
和快乐的人。因此，温尼科特知道，克服恐惧而不受伤害的基本条件并不总能得到
满足。

　　针对儿童所需要的东西，温尼科特发明了一个概念来描述对他人的关心将会
滋长与壮大的情况。他把这些条件称作"具有促进性的环境"。在第一阶段，他把
这个概念应用到家庭中：它必须有一个基本的爱的稳定内核（而他自己却没有）。
它必须远离虐待狂和虐待儿童的人（而他的家庭并不是这样的）。然而，一想到
战争时期的家庭，我们也会看到，具有促进性的环境同样具备经济的与社会的先
决条件：必须要有基本的自由，免遭暴力和避免混乱，远离对种族迫害和恐怖的
恐惧；必须有足够的食物和基本的医疗服务。从战区疏散儿童时，他了解了外部
混乱的心理代价。因此，即使是这个第一阶段，也已经受到政治关切的影响：如
果我们希望儿童有关心、互惠和幸福的能力，那么，作为一个国家，我们应该争
取什么呢？由于温尼科特认识到（但许多精神分析师并不承认）个人和政治是不
可分割的，因此，在整个职业生涯中，他都不断地回到政治问题上。我们将进一
步研究第二阶段，但我们绝不能忘记这两个"阶段"从一开始就相互贯穿。即使
加布里埃尔最终是快乐的，但大屠杀和一个新兄弟姐妹的诞生也会给她带来精神
创伤。

　　但在我们进入第二个阶段之前，我们面临另一个可怕的发现。

[①]　这一部分的所有资料可参见F. Robert Rodman, *Winnicott: Life and Work*（Cambridge, MA, Perseus Books, 2003）。

死亡进入心智

起初，对饥饿、口渴、黑暗、潮湿以及对这些不好的事情无能为力而感到的无助，恐惧会作出反应。随着时间的推移，一种新的观念出现了，这种观念从一开始就必定隐含在我们进化而来的恐惧中：死亡的观念。婴儿没有意识到死亡或注意到自身的死亡。但它的反应是由生存的欲望演化而来的，所以我们可以说，在某种意义上，对饥饿和口渴的恐惧，甚至是对缺乏安慰的恐惧，都是对死亡的恐惧。对死亡的模糊恐惧可能完全是天生的，是一种进化而来的有利因素。即使是最慈爱的父母也会在家庭遭遇疾病或政治动荡的时候，把自己对"巴巴卡"的恐惧传给年幼的孩子。因此，我们先在地回避与恐惧死亡。

这种天生的或至少很早期的退缩影响前期的恐惧。即使一名儿童没有明确的死亡意识，必死的命运也会影响童年噩梦带来的惊恐。孩子害怕黑暗的空虚，害怕从无限高的地方坠落，害怕被怪物吞噬。当照料者都离开了，就会非常担心他们再也不回来了——这是婴儿在玩消失和重新出现的游戏时有无休止的快乐的原因，就像一个心爱的玩具或父母突然消失，又再次出现，目的是带来快乐的笑声。

加布里埃尔的噩梦幻象清楚地暗示了死亡："巴巴卡"显然带她走向毁灭；最重要的是，令人厌烦的"苏什婴儿"，它以灭绝的迹象威胁着加布里埃尔。在她的想象中，害怕失去父母的爱和关注就像是一种死亡。为什么不呢？在那个年龄，她没有能力想象一个具有稳定性和爱之延续的未来。对一个非常年幼的儿童而言，每一次暂时的失去都意味着死亡。与温尼科特一起进行的三年分析研究的核心工作是建立信任：一种感觉，即干扰实际上并非致命的，泰迪熊、分析家和父母都幸存下来并继续爱着。

不管儿童学得多么好，他们都很快就习得另一更阴暗的经验教训：有些动物和人不再出现。兄弟姐妹和父母的死亡过去是平常的事情，而年幼的儿童很快就学会了把世界及他们自身的存在看成是非常脆弱的。直至18世纪，卢梭认为，他假想出来的学生爱弥儿可能还没有充分地看到死亡，以便理解他自己的脆弱性，因此，他想象中的老师开始通过引导爱弥儿了解小动物的死亡来谈论死亡。[①]

　　一旦儿童理解了死亡观念，他们就会提出许多问题，并且很快就搞清楚他们自己也会死去。对这种发现，儿童的反应是多种多样的，但总是有一种极度担心与被扰乱的感觉。当我六岁的时候——我在那个时期感到焦虑，因为我的妹妹刚出生，我感觉我父母对之前唯一的子女不再感兴趣——我祖母带我到大都会歌剧院看威尔第的《弄臣》[②]。她对歌剧不感兴趣，也不知道有人会被歌剧深深地打动，所以她没有意识到自己的选择是多么怪异。坐在交响乐团所在位置第三排的我惊呆了，精神受到创伤。在那之后的几个星期里，我用我的洋娃娃表演了最后一幕，在那一幕中，垂死的吉尔达被密封在一个麻布袋里并被交给了里戈莱托（吉尔达因为自愿代替了她所爱的善变公爵而被误杀了）。弄臣往里面看，希望能看到他所憎恨的敌人的尸体——当意识到装在袋子里的实际上是他所爱的、即将断气的孩子时，他惊恐地往后退。我确信，对我而言，这个麻布袋象征着我妹妹的出生所带来的致命威胁，以及它让我呼吸困难的方式。而它也代表了我自身死亡意识的萌芽。当我后来再现歌剧场景时，我放进麻袋里的娃娃是《小妇人》娃娃家族里的琼，它代表了我。当我打开娃娃袋时，我正亲眼目睹与排演着我自己的死亡。（从那时起，我就成了一个歌剧迷，我相信那些强有力的音乐剧是温尼科特戏剧的各种形式，在这些戏剧中，我们加深了我们的洞察力，甚至学会了在悲剧中呼吸。）

　　对死亡的恐惧还有许多话可说。它激励我们追求安全、健康，甚至和平。它促使我们保护我们所爱的那些人，保护我们所爱的制度和法律。进一步地，当我们认

---

① *Emile*, book IV.
② 威尔第（1813—1901），意大利著名歌剧作曲家，被誉为"意大利革命的音乐大师"。他曾创作《圣女贞德》《弄臣》《茶花女》等多部歌剧。——译者注

识到我们终有一死时，这会提醒我们，我们是完全平等的。不论法国的国王们和贵族们对他们的臣民多么飞扬跋扈，他们都无法真正否认，在最重要的事情上他们是相似的。正如卢梭所热切期盼的那样，那种承认或许会产生同情和互惠：我们可以团结起来，相互保护，远离饥饿、疾病和战争。

然而，对死亡的恐惧也是可怕的，它总是笼罩着我们。与其他童年时期的恐惧不同，这种恐惧无法用安慰加以消除。离开房间的父母会回来。新兄弟姐妹并不能消除父母的爱。我们（在某种程度上）很快就搞清楚了衣橱里没有怪物，也没有女巫吃小孩子。但对死亡的恐惧从来都不是虚假的，任何知识都不能消除它。巴巴卡在黑暗中快速前进。故而，正如卢梭所说的那样，在日常生活的结构中，恐惧一直潜藏着，产生了良好效果。但它也导致了许多关乎自恋、自我回避与否认的策略。

卢克莱修声称，对死亡的恐惧，是人类生活中所有其他恐惧的源泉。这似乎是错误的。生活是艰难的，它包含了许多恐惧。我们人类的脆弱性本身是恐惧的源泉，而这种恐惧中只有一部分是针对死亡的，因为死亡只是我们脆弱性的一个方面。希腊人和罗马人设想神是不朽的，但他们却可以忍受许多痛苦：肉体上的痛苦（如普罗米修斯，他的肝脏被一只秃鹰永远吃掉），残疾（如乌拉诺斯，被他的儿子阉割，他的睾丸被扔进大海），失去孩子（如宙斯，哀悼他死去的儿子萨尔伯冬）和羞辱（如赫拉，无数次被她的丈夫背叛）。继而，他们知道，不朽并不会消除恐惧。尽管如此，卢克莱修的这一观点或许是正确的，即对死亡的恐惧，使我们的生活"充斥"着"死亡的黑暗"——即使周围有充足的光明和幸福。

恐惧在言辞与民主方面的错误

恐惧使我们想逃避灾难。但它肯定不会告诉我们怎么做。在进化的史前时期，人类追随恐惧的本能，逃离掠食者和其他危险。然而，在我们这个复杂的世界里，我们不能依赖本能，我们不得不思考，我们最好认真地思考。我们需要了解我们的福祉，以及是什么与是谁在威胁它。在所有社会中，这种塑造恐惧的过程受到文化、政治和修辞的广泛影响。请记住，亚里士多德曾在一本专门研究未来政治家言辞的著作中讨论了恐惧。他指出，为了说服人们做你想做的事，你必须了解他们的情感是如何运作的，然后你可以根据他们自己的心理来调整你所说的话。当然，亚里士多德知道，人们会利用这个建议来达到好的和坏的目的。

恐惧与一种对我们自身福祉迫在眉睫的威胁有关。亚里士多德告诉政治讲演者，他们只有在下列情况下才能够激起恐惧：（1）把即将发生的事件描绘为对生存或福祉至关重要的事，（2）让人们认为事情近在咫尺，（3）让人们觉得事情已经失控了——自己无法轻易地避开坏的事情。他补充道，人们也必须相信讲演者，因此讲演者必须安排得看起来是可信的。[①]显然，这个建议并非总是被用来服务于真理。利用我们原初的恐惧习性，民主社会很容易受到操纵。

古希腊历史学家修昔底德讲述了一个关于民主错误的残酷故事。[②]雅典人投票赞成处决米蒂利尼叛乱殖民地的所有男人，并把妇女和儿童变为奴隶。但随后他们平静下来并开始重新考虑，反思那种因一场只由少数人领导的叛乱而使整个城市陷入不幸境地的极度残忍行径——用现代术语来讲，这一罪行有可能被看成是种族灭绝。一个名叫克里昂的蛊惑人心的演说家——他一开始就提议投死刑票——站出来反对任何决策上的改变。一个狂热的民粹主义者克里昂，使得人们感到既害怕又愤怒：这次叛乱危及雅典的安全，因为所有其他殖民地如果看到他们可以逃脱惩罚都会起来反抗。他将这种危险描述为迫在眉睫：雅典人不久将不得不一次又一次地冒着生命危险去平叛。

---

① 关于恐惧问题，参见*Rhetoric* II.5各个地方；关于可靠性，参见*Rhetoric* I.2, 9。

② Thucydides, *History of the Peloponnesian War*, III.25–28, 35–50.这本书有很多种译本。这场争论发生在公元前427年。

克里昂占了上风。一艘船已经在去执行致命决议的路上了。但后来又有另一位演说家狄奥多特站出来，以一种抚慰人心与深思熟虑的方式说服集会者，他们先前的投票确实是错误的。人们不应让自己被恐惧和愤怒冲昏头脑：他们应该冷静地考虑他们自己将来的好处。不存在迫在眉睫的危险，他们的安全并没有真正受到叛乱的威胁，而实施破坏性极大的侵犯行动会失去雅典许多当前盟友的忠诚，那将是一个严重的错误。

雅典人改变了他们的立场，派了另一艘船去追赶第一艘船。全凭好运气，第一艘船不能航行，而第二艘船能够追上它。成千上万人命垂一线。即使不去判断哪个讲演者是正确的，我们也可以肯定有一个讲演者是错误的——而修昔底德非常清楚地表明，他认为克里昂不仅是错误的，而且以其操控民众的方式，对雅典民主的存续本身成为一种威胁。恐惧可被真实的和虚假的信息所操控，引起适当和不适当的反应。

错误如何不知不觉地产生？首先，人们必须了解自己的福祉和社会的福祉；我们有很多种方式错误地理解福祉问题。特别容易想的过于狭隘，把社会福祉与我们自己的群体或阶层的福祉等同起来，并忘记他人的贡献。我们应该很熟悉克里昂的处事方式：通过竭力主张人们形成雅典至高无上的狭隘看法，这种至高无上的地位将盟友和从属者排除在外。他把盟友"视为他者"，使他们看起来都像是潜在的敌人。

即使人们对自己的福祉有充分的认识，他们关于什么东西真正威胁福祉的判断，可能在某种程度上也是错误的。叛乱显然侮辱了雅典人，而克里昂则使人们把侮辱和真正的危险混为一谈。其中一些错误可能表现为，只是把事实搞错了；另一些错误则可能源于高估了某些真实的危险，或低估了其他危险（在这种情况下，危险表现为，引起被其行为的残酷所震惊的盟友对雅典人的其他背叛）。人们或许对自身脆弱性及应对威胁的无助性的想象要比其实际更加严重。

错误有时似乎是由太少恐惧而引起的。后来，当雅典人发动灾难性的西西里远征，拒绝听从让人警醒的建议时，他们也犯了这个错。但他们应该听从的不是恐惧的暴风或惊涛骇浪，而是谨慎的计算、事实和证据。就连他们在这一鲁莽的行动中所展示的浮夸也是更深层的恐惧的产物，这是一个具有说服力的论据。卢克莱修认为，征服战争往往是由一种无力感和原初的脆弱造成的，这就产生了一种想法：如果你消灭所有的对立面，你将会更安全。注定失败的鲁莽远征与杀害米蒂利尼一切人的轻率并没有什么不同——一种以试图消除所有可能风险为形式的自我保护的不明智策略。这和普鲁斯特的成年马塞尔并没有太大不同，后者因焦虑而发疯，直至他把艾尔伯汀关押起来，这样她在身体上就不可能背叛他了。

恐惧的法则：启发与偏见

借助心理学的研究，行为经济学的新领域向我们展示了更多关于恐惧的错误。心理学家表明，我们对风险的评估往往是不准确的，因为我们不是冷静地计算成本和收益，而是使用了许多在当今复杂的世界中不能提供良好指导的启发式方法——尽管在进化的史前时期，它们可能已经给我们提供了指导。[1]

恐惧中一个十分常见的错误来源是心理学家所说的"易得性偏差"[2]：假如我们的经验中只活跃着一种类型的问题，这将会导致我们高估这个问题的重要性。这种启发是人们在思考环境风险时经常遇到的问题。人们在新闻中听说苹果受到一种危险的杀虫剂厄拉的污染——这让许多人在没有作出进一步研究时就得出结论，认为它带来的危害是非常大的。（陪审团还在考虑这个问题，但我们现在肯定知道，研

---

① 探究这些启发式方法的一个很好的素材是，Cass R. Sunstein, *Risk and Reason: Safety, Law, and the Environment*（Cambridge, Cambridge University Press, 2002），它还提及了心理文学。
② 又译"易得性启发式"。——译者注

究而不是恐慌才是正确的回应。厄拉仍被环保局列为可能的致癌物质，但研究显示，这种化学物质会带来具有潜在危险的剂量是异常大的，它要求厄拉的剂量等于一个人每天通过喝超过五千加仑的苹果汁所摄入的量。）易得性偏差也没有让人全方位地考虑替代方法：例如，禁止滴滴涕杀虫剂将导致因疟疾而死亡的人数的激增。在技术领域，没有任何东西可以替代有益的和全面的科学研究，但公众往往追随恐惧而不是科学。

另一种已经被研究的现象是以种族敌对为背景的"级联"现象：人们对他人行为的回应是冒失地加入他们。有时候，他们之所以加入是因为那些人的声誉——"声誉级联"，有时他们加入是因为认为他人的行为给他们提供新的信息——"信息级联"。经济学家第默尔·库兰已论证并指出，这种级联现象在"种族化"的语境下发挥重要作用，在这种（常常速度惊人的）转变中，人们开始以种族或宗教身份来界定自己，并将自己与其他族群对立起来。[1]心理分析心理学家苏迪尔·喀卡在研究印度的种族暴力时单独得出类似的结论。[2]喀卡的疑惑是，为什么和平相处多年的印度教信徒和穆斯林突然变得敌对起来，以他们过去不曾有的方式通过他们的宗教种族来界定自己的身份。他的研究表明，受人尊敬的共同体领袖扮演了很重要的角色，他们的声誉造就了不会提出质疑的追随者。

有一项新进展使事情变得更容易发生变化：社交媒体和互联网使得虚假报道更容易传播，级联更容易出现。当报道"疯传"时，情感容易以不同于报纸报道甚或是电视之影响的方式失控。

什么是破坏性信息级联的解毒剂？是正确的事实，知情的公开辩论，最重要的

---

① Timur Kuran, "Ethnic Norms and Their Transformation Through Reputational Cascades," Journal of Legal Studies 27（1998），623–659. 也可参见Cass R. Sunstein, *Risk and Reason: Safety, Law, and the Environment*（Cambridge, Cambridge University Press, 2002），pp.37–39。

② Sudhir Kakar, *The Colors of Violence: Cultural Identities, Religion, and Conflict*（Chicago, University of Chicago Press, 1996）.

是，在公民身上有一种提出异议与独立的精神。然而，恐惧总是威胁持有不同意见的精神。恐惧让人去找靠山，在一名领导或一个同类群体的悦纳中寻求安慰。提出质疑让人感到缺乏保护与孤独。

在著名的实验中，心理学家阿什克表明，人们对同伴压力的顺从程度高得惊人，即使同伴说出明显是错误的话，如两条线中哪一条比较长（正确答案是显而易见的）。[①]人们以他们害怕大声说出来为由，使得对这些错误的赞同合理化。我们现在可以理解当中涉及的深层心理力量。但阿什克还发现，即便只有一个人在实验对象面前确实大声说话并给出了正确答案，也能使实验对象作出正确的解答。持有异议产生了精神上摆脱恐惧的自由。

在持有异议之精神及我们可以如何培育它的问题上，我还有更多的话想说。然而，为了让异议发挥其应有的作用，人们必须愿意独立而存，不受恐惧的影响。那些学习"在母亲面前独自玩耍"的儿童与那些学习在强大的顺从力量面前独自辩论的成年人应该相提并论。民主需要培养为追求真理和美好理想而冒险的意愿。

对穆斯林的恐惧：言辞与启发，两位总统的故事

我们已研究的所有错误都是加剧美国人对穆斯林恐惧的原因之一，此时此刻这在我们国家已非常突出。美国人害怕许多事情：失去医疗保健、昂贵的医疗保健、特朗普和他的支持者、经济困难、妇女和少数民族的成功、带有种族偏见的警察暴力。在某种程度上，这些恐惧中的每一种恐惧都是理性的和有用的；然而，每一种恐惧都可能失控，并使合理的思考与合作失去作用。对穆斯林的恐惧是应用我们所学到的东西的好地方，检审理性恐惧如何升级为非理性的和有害的恐惧，并形成一种使所珍视的民主价值失去作用的产生威胁的不信任氛围。恐惧经常被言辞操纵，

① Asch, "Opinions and Social Pressure"（1955），https://www.panarchy.org/asch/social.pressure.1955.html.

被那些用信任来鼓动听众的头目所利用。

这种现象波及面广且形式多样。让我举一个在言辞方面利用恐惧的例子来说明危险在什么地方产生影响：特朗普总统于2017年6月11日在波兰发表的演讲。

首先介绍一下背景：大多数美国人对伊斯兰教最基本知识的无知程度是非常高的。大多数人不知道逊尼派和什叶派的区别，大多数人也不知道当今世界穆斯林的聚集地。例如，不知道两个穆斯林人口最多的国家是印度尼西亚和印度。在言说与思考时，穆斯林和阿拉伯人经常被互换使用。由于美国很少有人读过《古兰经》，因此人们也不知道，伊斯兰教在其诞生之初，本质上是一种平等尊重的宗教。美国人对穆斯林生活的不同国家、他们的历史及现在的奋斗状况几乎一无所知。他们也没有意识到在解释《古兰经》方面的差异，也不知道严苛的瓦哈比解释方式目前比较流行。

在这种无知的环境下，我所发现的恐惧机制都容易以一种扭曲的方式运作。首先且最为明显的是，"9·11事件"与随后发生的涉及穆斯林的恐怖事件，成为了"易得性偏差"的沃土。这些备受瞩目的事件掩盖了危险的其他来源，阻止人们审视这样一些问题，如在没有进行背景调查的情况下就容易得到枪支，导致人们在这件事情上支持具侵犯性的行动，忽视了其他人，仿佛这就是全面减少脆弱性的最好方法。

易得性偏差的近亲是一种思想上对显著性和比例可能性的混淆，它总是特别具有破坏力。在种族和刑事司法领域，我们非常了解这一点。如果一旦非裔美国人因其中个别人犯下的引人注目的罪行而被贴上犯罪者的标签，那么，人们通常会作出两种非常不可靠的推断：第一，大部分罪行是由非裔美国人犯下的；第二，相当大一部分非裔美国人是罪犯。当看到一个非裔美国人时，白人通常抱紧他们的手提包或穿过街道的现象表明，这种推断是多么普遍被接纳。但事实上，这一说法明显是错误的。

声誉级联和信息级联在很大程度上助长这些被泛化了的担忧。互联网使级联变得容易。就像可爱的猫视频无害地传播开来一样，具有破坏性和误导性的信息也在迅速传播，往往还会被一些评论员或自称权威的网络声誉进一步鼓吹。

先天的神经机制有可能为恐惧提供养分，加剧恐惧。就像我们明显害怕蛇的形状一样，我们似乎下意识害怕一个隐藏起来的人——无法看到他的脸。恐怖电影就清楚地知道这一点。就像达斯·维德只是因为他的人类声音从一副面具及一件笼罩全身的覆盖物之下发出来而让人心生畏惧一样，与之相似，对许多人而言，看到穆斯林妇女全身被包裹起来可能会激起恐惧，特别是当脸被遮住的时候。但事实上，没有任何证据表明妇女会采取恐怖主义的行为。同样值得注意的是，人们不会因其他类型的全身甚或是面部的覆盖物而退缩，比如正常的冬季服装（长羽绒服、把帽子拉低至眉毛上方、盖着嘴和鼻子的围巾、罩袍或反射性太阳镜），或是冬季运动员、外科医生、牙医、参加化妆舞会的人的制服。（事实上，法国禁止遮盖面部的法律不得不包括一长串的例外情形，包括"健康""运动""职业"和"艺术和文化活动"等原因。）

虽然有明显的证据表明，美国和欧洲的恐惧是不平衡的且具有排他性，但当混杂了我们与生俱来的对任何奇怪且陌生的事物的排他性厌恶时，对被遮盖的脸先天感到厌恶，使得许多美国人以一种不会避开那些看起来更熟悉的群体成员（事实上，这些群体的成员也可能参与了暴力活动）的方式远离穆斯林。比如，人们从不避开爱尔兰天主教徒，也从不建议限制爱尔兰天主教的移民。

最重要的是，正如亚里士多德在很久以前已经知道的那样，恐惧会对言辞作出反应。我们两位最近的共和党总统在处理公共交流事务方面大不相同。"9·11事件"以后，美国总统坚持告诉美国人，我们并没有与伊斯兰教开战。他的说法众所周知："我们不是在和伊斯兰开战。"他不止一次地那样说：通过阅读档案就可以看到，他不停地重复着那条信息。以下是一些具有代表性的例子：

在2002年12月5日华盛顿的伊斯兰中心："在美国，我们的穆斯林公民在商业、科学和法律、医疗和教育，以及其他领域做了大量贡献。我们的军队和我政府中的穆斯林成员为美国同胞们提供了卓越的服务，在一个和平的世界中捍卫着我们国家的自由和正义的理想。"

在2002年11月13日与联合国秘书长科菲·安南的会晤中："一些关于伊斯兰教的评论并没有反映我政府的观点或者大多数美国人的观点。伊斯兰教，正如绝大多数人所奉行的那样，是一种和平的宗教，一种尊重他人的宗教。我们是一个建立在宽容基础上的国家，在美国，我们欢迎各种信仰的人。"

在2002年11月20日的新闻发布会上："我们的战争不是一场针对宗教的战争，也不是针对穆斯林信仰的战争。但我们的战争是一场针对那些绝对憎恨美国立场的个人的战争……"

在这个档案里还有很多记录，而布什总统保存这样一份档案的事实本身就很重要。在我看来，这就是一个负责任的领导者面对影响广泛的大众恐惧时应作出的反应。他平息了与日俱增的困惑与焦虑，引导人们趋向于使用更基于事实与更具针对性的策略，并提醒他们不要牺牲那些被珍视的美国价值观。（应当承认，2002年1月29日著名的演讲是值得怀疑的。在这场演讲中，布什总统确实妖魔化了一批被认为是支持恐怖主义的国家；但至少，它的重点是国家支持的犯罪活动，而不是整个宗教。）

更广义地，布什总统通常使用具有共同性的人类尊严和进步等言辞，而不是"文明"冲突的言论。例如，他敦促美国和欧洲"帮助全世界的男男女女建立有目标和有尊严的生活"，并"保护世界人民的健康"。这种言辞也是有价值的，它平息了不正确的恐惧，使人们把注意力限制在真正的危险上，参与有建设性的政策，有益于世界人民的生活。（这些说法与布什总统坚持制药公司在非洲以合理的价格提供抗逆转录酶病毒的药物不谋而合。）

相比之下，现任总统在竞选期间和竞选之后都多次提到伊斯兰教，他继充满争议的旅行禁令之后发表的言论经常使用"穆斯林禁令"的字眼。他于2017年7月6日在华沙发表的受到广泛赞扬的演讲因其更微妙而看起来几乎更加语焉不详。从关于波兰"为自由"而反抗纳粹的描述中，这次演讲迅速地转换目前的威胁——"另一种具有压迫性的意识形态"，认同了人们熟悉的古老的"文明冲突"理念。正如彼特·贝纳特在《大西洋月刊》中指出的那样，这次演讲十次提到了"西方"，五次提到了"我们的文明"。

什么是"西方"？它不是一个地理上的实体，因为它包括澳大利亚和波兰，而排除了埃及和摩洛哥等（它们比包含其中的一些国家更往西）国家。而且，诚如贝纳特指出的，它也不是一个政治或经济术语，因为日本、韩国和印度都不被包括在内。从根本上说，这是对共享宗教和同一种族身份的诉求：要求是基督教（包括一些犹太人）和白人（因为拉丁美洲似乎不包括在内）。

从政治分析的角度来看，这次演讲毫无意义。在许多相互敌对的群体中，不存在一个组织或团体单独有能力威胁即使是最弱小的欧洲国家的军事入侵。然而，这次演讲并非关乎分析，而是为了激起人们对"南方"和"东方"的恐惧，或者更确切地说，是为了激起人们对那些地区的移民的恐惧。我认为，贝纳特的结论似乎是正确的：在总统看来，"美国是西方的核心：意味着白人和基督徒（或者至少是犹太基督徒）"。

他的言论制造出一个恶魔，而没有把注意力引到关键事实上。他通过制造一种（针对南方和东方的）巨大的且无尽的危机感，以及一种迫切感和紧迫感，来激起人们的恐惧。继而，它转换到指责和自卫的言辞中，让恐惧引起愤怒。我将在我这本书的下一章跟进这种关联。

简而言之，今天对穆斯林的恐惧借用了我已经讨论过的所有关乎恐惧的机制：与生俱来的倾向、根深蒂固的心理启发以及人们对政治言论的反应。这种类型的无形恐惧是关于我们未来的合理对话的敌人。它在一种无知的环境中产生，并由不准确和危言耸听的言辞所助长。幸运的是，优秀的分析家知道如何表达不同看法。

这只是美国人被扭曲了的恐惧的其中一个例子。同样类型的分析也应该适用于其他恐惧：人们在思考什么与刻画什么？为什么？恐惧如何合理地聚焦，如何以正确的信息加以支撑？就恐惧被严格对象化而言，是否有一种情况被过分强调以至于忽略了其他同样严重的情况？假如恐惧有充分的根据，但存在着人们忽视问题而无法成功采取行动的危险，那么，一些炒作是有必要的，就像当一个从政者试图让市民疏散而把一场即将到来的飓风叫作"怪物风暴"一样。但即便是有充分依据的夸张，也应该以非常谨慎的态度才能被纵容。

具有促进性的环境（第二部分）

我们是脆弱的，我们的生活容易受到恐惧的影响。即使在幸福和成功的时期，恐惧也会在关心和互惠的边缘徘徊，把他人拒于门外，倾向于自恋式的执着。恐惧具有君主制性质，而民主互惠是来之不易的成果。

对这些危险作出全面估量却依然乐观的温尼科特认为，如果人们拥有一个"具有促进性的环境"，他们就可以达到"成熟的相互依存"，而他认为人们常常可以拥有这种环境。考虑到他的职业，他一生关注的是家里的每一个儿童怎样获得这种环境。许多儿童已经拥有了这样一种环境；如果他们没有，可以通过分析师耐心的工作加以提供。而他在战时的工作促使他反思一个更大的问题：对于作为一个整体的社会而言，要成为培养其人民及其人际关系的"具有促进性的环境"，它将会是什么样子的呢？

他认为，（随着冷战的推进）这样的社会必须是一个保护自由的社会，因为只有那种社会形式才能充分且平等地培养人们成长、娱乐、行动及表达自我的能力。①他反复将民主与心理健康联系在一起：在相互依存和平等的条件下与他人一起生活，人们就必须超越我们所有人自出生以来的自恋。我们必须放弃奴役他人的愿望，取而代之以关心、善意与接受对幼稚之侵略性的限制。

我们对这些目标在家庭中意味着什么有模糊的认识，而温尼科特总是强调政府的一项关键工作是支持家庭，尽管他很少以具体实践的方式谈论这个问题。我们自己当然可以看到，如果家庭饱受饥饿，家庭缺乏医疗保健，如果儿童缺乏好的学校和安全的社区环境，那么，家庭就无法使儿童获得安全感并成为平和的人，无法成为有能力经受住恐惧的冲击的人。这使我们想到温尼科特只是含糊地谈到的一个更大的问题：作为一个整体的国家怎样才能成为消除恐惧与保护民主互惠的"具有促进性的环境"？

这是一个具有紧迫性的问题，而且风险比较高。鉴于这不是一本详细谈论公共政策的书籍，我甚至不会在这里尝试解决这些问题，尽管在第七章中我将提出具有普遍性的策略。现在，让我们总结一下从我的分析中呈现出来的问题。恐惧总是在道德关切的表面下酝酿，它威胁民主稳定，因为民主要求我们所有人限制我们的自恋并接受互惠。恐惧目前正在我们的国家蔓延：害怕生活水平下降，害怕失业，害怕在需要的时候缺乏医疗保健；害怕美国梦的终结，此间，你可以确信，努力工作会带来体面的与稳定的生活，如果你的孩子也努力工作，他们会比你做得更好。

我们对恐惧的叙述告诉我们，一些非常糟糕的事情很容易发生。公民可能对真理漠不关心，宁愿选择一个互相重复谎言的孤立的同伴群体来安慰自己。他们可能害怕说出自己的想法，宁愿选择一个给他们子宫般安全感的领导者。他们也许变得对别人有攻击性，因感受到恐惧的痛苦而责备他人。我们现在正转向这种关乎恐惧与谴责的相互作用的方式。

---

① 尤其要参看 "Some Thoughts on the Meaning of the Word Democracy," in *The Family and Individual Development*。

第三章

愤怒，恐惧的孩子

美国是一个愤怒的国家。这是一个古老的故事，但如今，愤怒似乎更加普遍与尖锐。男人责怪女人，女人责怪劳动阶层的男人。在右翼，我们发现对穆斯林歇斯底里的指责，在左翼，则是对谴责穆斯林的人的愤怒指责。移民们把他们生活的不稳定归咎于新政权。占统治地位的群体把"我们所有人"生活的不稳定归咎于移民。当然，真相很重要，我会坚持这一点。然而，我们所看到的指责往往没有经过估量，而是歇斯底里的、受恐惧驱使的，拒绝作出冷静的思考。它是报复性的，试图通过施加痛苦转而弥补愤怒的人或群体所遭受的痛苦。公众的愤怒不仅包括了对错误的抗议——当抗议有充分的根据时，这种反应对民主而言是有益的——还包括强烈的报复欲望，就好像其他人的痛苦可以解决群体组织或国家的问题。

我们可以试着通过更深入地反思我们自身的政治时刻来理解这种愤怒。但我相信，当我们反思自己与当下的时代时，我们是很难想明白的，尤其是在愤怒的时候。我认为，我们最好首先回到过去，从历史和文学案例的角度看待这个问题，我们可以在没有偏私性防御的情况下一起探讨这个问题。因此，我建议先谈谈古希腊和古罗马，在那里，有很多东西可以说明我们时代的问题。让我们思考一下希腊最著名的悲剧之一埃斯库罗斯（公元前458年）的《奥雷斯泰亚》①的结局，该悲剧探讨了阿提鲁斯家族所遭受的报复性愤怒的诅咒——以及通过政治民主和法治的方式

---

① 一译为《俄瑞斯忒亚》或《奥瑞斯忒亚》。——译者注

在政治上解决那一诅咒。尽管三部曲表面上被设定在遥远的神话时代，但它们在赞美第五个世纪的雅典制度时达到高潮，其第三部戏剧《欧墨尼得斯》充满了对观众所熟悉的刑法体系的时代错置的引用。①

在《奥雷斯泰亚》的结尾，雅典城发生了两个变化。一个是人们熟知的，另一个是常常被忽略的。在有名的转变中，雅典娜引入了法律制度来取代与终结了血仇循环。通过设立一个有既定的证据和辩论程序的法庭，并从雅典的公民团体中抽签选出一个陪审团，她宣布将由法律来解决血债血偿的问题，而不是把它交由复仇女神（古代的复仇之神）来解决。但是复仇女神并不是简单地被驱赶走了。相反，雅典娜说服她们加入这个城市，给予她们在地下的荣誉地位，以承认她们对城市健康的重要意义。

雅典娜的举动通常被理解为承认法律制度必须吸纳并尊重报复性的强烈情感。这些强烈的情感本身并没有发生改变；只是围绕着它们建造了一座新房子。复仇女神们同意接受法律的约束，但她们保留了一种不变的、黑暗的和复仇的本性。

然而，这种解读方式忽略了第二个转变，即复仇女神自身性格的转变。在戏剧开始时，人们把复仇女神描述成令人厌恶的和恐怖的。据说她们是黑色的、令人反感的；她们的眼睛滴出一种可怕的液体。阿波罗甚至说她们吐出了她们从猎物身上摄取的血块。他说，她们适合某种野蛮的专制统治——这里，残忍占据统治地位。

当她们醒来时，复仇女神也不会证明这些令人不愉快的描述是虚假的。就像被谋杀的克吕泰墨斯特拉②的鬼魂召唤她们一样，她们不说话，而只是发出动物的声音，呻吟着与哀号着。（希腊人认为是动物的叫声。）当她们确实开始说话时，她

---

① 我也讨论了《奥雷斯泰亚》，参见*Anger and Forgiveness: Resentment, Generosity, Justice*（New York, Oxford, 2016），第一章。但是我已经改变了我的解释中的一些细微之处。在这里，我使用希腊文本并自己翻译。而对于想读好的译本，我推荐里士满·拉提莫的译本——因为它的诗性，以及休·劳埃德–琼斯的译本——因为它字面表述上的准确性。

② 阿伽门农的妻子。——译者注

们唯一说出的话是，"抓住他，抓住他，抓住他，抓住他"，在题材允许的范围内，近似于捕猎者狩猎时的呐喊。正如克吕泰墨斯特拉指出："在你的梦里，你追逐你的猎物，你像猎狗一样在血泊中狂吠。"假如复仇女神后来被赋予了充满诗性的言辞，就像其题材所要求的那样，那么，我们将永远不会忘记这个最初的特征。

埃斯库罗斯所做的是描绘无限的怨恨。它具有强迫性、破坏性，其存在只是为了带来痛苦和疾病。（诚如杰出的18世纪哲学家巴特勒主教看到的那样，"没有任何其他原则或激情能结束我们同胞的苦难"。）阿波罗的想法是，这种疯狂的形象属于其他某个地方，肯定不是在一个守法的民主国家里。

如果没有发生改变，复仇女神就不能在法治社会中成为法律系统的根基。你不能说把野狗关在笼子里，然后就能伸张正义。但复仇女神并没有转向依然如故的民主。直至这部戏剧较为靠后的部分，她们仍然是她们野兽般的自我，威胁着要在陆地上吐出她们的毒液。然而，雅典娜说服她们改变自己，加入她的事业。她告诉她们："暂时放下你们愤怒的黑色浪潮所造成的令人不愉快的力量。"但她们与愤怒的强迫性力量如此紧密地被捆绑在一起，那样做就意味着身份上几乎要发生转变。雅典娜为她们提供了加入民主的动力：一个荣誉之地、来自公民的尊敬——但前提是她们接纳一系列新的情感，用着眼未来的仁慈来代替报复。也许最根本的是，她们必须倾听劝说的声音。她们接受雅典娜的提议，并以"温和的意图"表达自身的看法。她们宣称，每个人都应该以一种"共同爱的心态"宽宏大量地对待彼此。毫不奇怪，她们的身体发生了与此相关的变化。她们显然在游行队伍中摆出挺直身躯的姿势——这场游行是戏剧的终结，而且她们从市民护卫队那里获得了深红色的长袍。她们变成了雅典人，而不是野兽。她们确切的名字被改变了：她们现在是仁慈的人（欧墨尼得斯），而不是复仇女神。

第二个转变跟第一个转变同样重要，事实上，它对第一个转变的成功至关重要。埃斯库罗斯表明，民主的法律秩序不能仅仅把报复关在笼子里；必须从根本上改变它，使之从某种几乎不属于人类的、具强迫性的、嗜血的东西，转变为具有人类特性的、讲道理的存在物，某种保护生命而不是威胁生命的存在物。我们仍然需要愤怒女神，因为这是一个不完美的世界，总是需要处理犯罪问题。但原有形态的她们并不是我们想要的或需要的。她们必须成为正义和人类福祉的工具。这座城市从复仇愤怒的祸害中被解放出来，而这种祸害导致内乱。取而代之的是，城市获得了着眼于未来的正义。

就像现代的民主国家一样，古希腊的民主城邦也存在愤怒问题。阅读历史学家和演说家的演讲，你就会看到一些并不遥远的事情：个人耽溺于与那些他们怪罪其错待他们的人打官司；一些群体指责其他团体让他们缺乏权力；公民指责杰出的政治家和其他有影响的人出卖了民主最宝贵的价值观；其他团体则因他们自身的政治问题和个人麻烦而指责外国游客甚或是妇女。

希腊人——以及后来的罗马人——非常了解的愤怒，是一种对自己的人性弱点充满恐惧的愤怒。卢克莱修甚至说，所有的政治愤怒都是恐惧的产物——源自幼稚的无助及其成年近亲对死亡的恐惧[①]。他指出，恐惧使一切事情变得更糟糕，导致政治弊病——我们稍后会回过头来谈这些政治弊病。而如今让我们把注意力集中到愤怒上。

希腊人和罗马人看到了他们周围充满愤怒。但正如古典学者威廉姆·哈里斯在他的著作《抑制愤怒》[②]中表明的，他们并没有拥抱或珍视愤怒。他们并没有用愤怒来定义男子气概，而事实上，就像伴随着那些复仇女神一样，他们倾向于把它归咎于妇女，认为妇女缺乏理性。无论他们多大程度地感受到与表达愤怒，他们都从文化上与之作斗争，认为它破坏人类福祉和民主体制。荷马的《伊利亚特》的第一

---

① 纳斯鲍姆认为，对死亡的恐惧与幼稚的无助关系密切，前者是后者更为成熟的表现。

② William Harris, *Restraining Rage: The Ideology of Anger Control in Classical Antiquity*（Cambridge, MA, Harvard University Press, 2002）.

个词是愤怒——阿喀琉斯的愤怒，"给亚该亚人带来上千倍的痛苦"。而《伊利亚特》怀有希望的结局要求阿喀琉斯放弃他的愤怒，并与他的敌人普里亚姆和解，因为两者都承认人类生命的脆弱性。

我会试着让你相信希腊人和罗马人是对的：愤怒对民主政治而言是一种毒药，当它被潜在的恐惧和无助感加剧时，那就更糟糕了。我在2016年出版的著作《愤怒与宽恕》[①]中探讨了愤怒问题，但现在我觉得那时候的分析遗漏了一些至关重要的要素：恐惧既是报复性愤怒的来源，也是帮凶。我会试着说服你，我们应该抵制自己的愤怒，抑制它在我们政治文化中的作用。

然而，这一想法是激进的，并会引起强烈的反对。因为愤怒尽管丑陋，却是一种普遍的情感。许多人认为，如果缺乏对不公正的愤怒，就不可能关心正义，应该鼓励愤怒，将其作为变革进程的一部分。很多人还认为，个人不可能在没有愤怒的情况下捍卫自身的自尊，在缺乏愤怒的情况下应对错误和侮辱的人，是懦弱的、被欺压的。这些思想也不局限于个人关系的领域。如今，刑事司法领域中最流行的立场是"报复主义"，即法律应该以一种体现寻求施加报复性痛苦的正当愤怒精神的方式，惩罚挑衅者。人们还十分普遍地认为，要想在成功应对严重的不公正方面取得进展，就需要那种愤怒。

不过，当我们回想起近些年来发生的三场以非愤怒精神开展的崇高且成功的自由运动，那些由莫罕达斯·甘地、马丁·路德·金和纳尔逊·曼德拉——当然是那些捍卫自己和他人的自尊的人与那些不默然接受不公正对待的人主导的运动，我们就有可能坚持埃斯库罗斯式的怀疑主义。

我现在要说的是，对愤怒的哲学分析，可以帮助我们支持这些关乎非愤怒的哲学，说明为什么从规范性的观点来看，报复性愤怒具有致命性缺陷——有时是不连

---

① 　William Harris, *Restraining Rage: The Ideology of Anger Control in Classical Antiquity*（Cambridge, MA, Harvard University Press, 2002）.

贯的，有时基于不良的价值观，尤其是当人们用它来转移对他们感到无力解决的真正问题的注意力时，它是有毒的。愤怒玷污了民主政治，它在生活和法律中的价值都是值得怀疑的。我将提出我的总体观点，然后以我们正在进行的争取种族正义的行动为例，展示它与合理思考争取政治正义的关联。

愤怒的根基：盛怒，不公平的观点

现在让我们简要地回到卢克莱修精彩描述的那个无助的可怕婴儿。婴儿出生时没有这样的愤怒，因为真正意义上的愤怒需要有因果思维：有人对我做了不好的事情。当婴儿得不到他们想要的东西时，他们就会大叫。起初，大叫表示的是不舒服，而不是责备——因为孩子无法思考因果关系。

但很快又有了一个新的想法：那些看护者并没有给予我迫切需要的东西。他们这样对我。正是因为他们，我又冷、又湿、又饿。被喂食、被抱住、被穿戴的经历很快就会带来期望，期望满足要求。本能的自爱使我们珍惜自己的生存与舒适。但当别人不做我们想要的与期待的事情时，自我受到了他们的威胁。心理分析师梅兰妮·克莱因将婴儿的这种情绪反应称为"迫害式焦虑"，因为它实际上是恐惧，只是再加上一种来自外部的模糊威胁的想法。[①]我宁愿称之为恐惧-愤怒，甚至是恐惧-指责。

如果我们不是无助的，我们就会努力得到我们所需要的。但由于我们起初是无助的，我们不得不依赖于其他人。他们并不总是给予我们所需要的东西，于是，一旦我们能确定"肇事者"，我们就会抨击他们，责怪他们。责备给我们提供了一种策略：现在我要用盛怒与制造噪声来施加自己的意志。但它也表达了世界的基本图

---

① 克莱因在这个主题方面的著述浩如烟海。一篇带有参考文献的好综述可参见http://www.melanie-klein-trust.org.uk/paranoid-schizoid-position。

景：世界应该给予我们所要求的东西。当人们不这样做的时候，他们是坏的。

从某种意义上说，抗议和指责是积极的：它们构建了一个有目的的有序世界，在这个世界里，我是一个主体，提出要求。我的生命是宝贵的，事情应该被安排好，这样我才会感到快乐，我的需要才会得到满足。因为这还没有发生，所以必须有人受到指责。然而，一种报复性的观念常常影响到关乎责备甚或是惩罚的想法：我们所责备的人应该为他们所做的事情而受苦。心理学家保罗·布鲁姆已然指出，报复性思维在婴儿生命的很早期，甚至在他们开始使用语言之前就已经出现了。当婴儿看到"坏人"——从另一个木偶那里抢东西的木偶——被棍子殴打时，他们感到非常高兴。布鲁姆称之为早期的正义感。①我更愿意把它称作是我们所有人内心的复仇女神，而这并没有与真正的正义建立牢固的关联。婴儿的想法看起来像"同态报复法"的一个版本：以眼还眼，以痛还痛。有可能这种按比例报复的残忍想法有一个进化论意义上的源头。称之为正义的概念是一次跳跃，而我认为我们不应该作出这样的跳跃。

值得注意的是，幼稚的愤怒建立在一个大部分人置身其中的深刻矛盾之上。一方面，我是无助的，宇宙并不关心我；另一方面，我是一个君主，每个人都必须关心我。身体上的无助与进化意义上的自爱和幼稚的自恋相结合，产生了那种矛盾。正如我们将看到的那样，这种矛盾通常会持续一生，表现为粗糙的"公正世界"思维，并倾向于把生活的艰辛与不幸归咎于他人。

界定愤怒

现在让我们快进至人类的成年阶段。如今，人们不仅经历与表达幼稚的愤怒，

---

① Paul Bloom, *Just Babies: The Origins of Good and Evil*（New York, Crown, 2013）．

而且还有真正意义上的愤怒。然而，愤怒是什么？正如我指出的，哲学家们喜欢下定义，这有助于我们理清思路，而理清思路能帮助我们把愤怒中潜在的有希望的部分与那些只会带来麻烦的部分区分开来。回到希腊人那里，让我们来谈谈亚里士多德的定义，这是因为西方哲学传统中所有关于愤怒的定义都或多或少以它为蓝本。[①]（在印度传统中——遗憾的是，这是我所知的唯一一种非西方传统——那些定义是非常相似的。[②]）

根据亚里士多德的看法，愤怒是一个人所关心的人或物遭受严重伤害时作出的反应，也是愤怒的人认为已遭受不公正的伤害时作出的反应。亚里士多德补充说，尽管愤怒是痛苦的，但它本身也包含了希望回报或报应的美好愿望。故而，存在着"严重伤害"与"过错"，这些严重的伤害关乎某人的自身价值或关心的圈子。那两个因素看起来都是真实的与没有争议的，它们已经被现代心理学研究所证实。愤怒的那些部分会以特定的和局部的方式出错：我们可能在谁做了坏事，或者它有多重要，又或者它是否做错了（而不是意外）等方面作出错误判断。但它们经常成功影响我们。

当然，更具争议的是，愤怒的人想要进行某种形式的报复，而这是愤怒概念的组成部分。所有谈论愤怒的西方哲学家都把这个愿望作为愤怒的概念性因素。[③]然而，我们需要暂停一下，因为这一点并不那么显而易见。我们应该理解，实施报复的愿望可以是一个不容易被觉察的愿望：愤怒的人不需要希望由自己来实施报复。她可能希望由法律甚或是某种神圣的正义来惩罚违法者。或者，更微妙的是，她可能只是希望做错事的人今后的生活恶化——例如，希望背叛她的配偶的第二次婚姻

---

① 亚里士多德的定义是在他的《修辞学》第二卷第二章，当中也讨论了如何引起愤怒；第三章讨论了怎样消除愤怒。

② 特别要参见我的书《愤怒与宽恕》中对印度佛教哲学家萨提达瓦的讨论。

③ 故而，希腊和罗马的斯多葛主义者大致把一切情感划分为两种——现在/未来、好的/坏的，把愤怒划归为"好的-未来"那一类，而不是归类为"现在-坏的"。

是一次令人沮丧的失败。我认为，如果我们以这种宽泛的方式来理解这个愿望，那么，亚里士多德是正确的：愤怒通常的确包含了一种具反击性的倾向，这就是它与同情性悲伤的区别。研究愤怒的当代心理学家在经验上赞同亚里士多德的观点，认为愤怒中存在着从痛苦到希望的双重运动。①

然而，我们应该明白，愤怒的这两个部分是可以分开的。我们可以对行为的不当或不公正的事态感到愤怒，但却不想就那些针对我们所犯下的错误实施报复。如果我们的看法是正确的，那么我将认为愤怒的部分对我们个人和社会是有价值的：我们需要辨识出错误的行为并对它们表示抗议，表达我们对违反重要准则的关注。我相信，有一种愤怒不会受到报应之愿望的影响：它的全部内容是"那是多么让人难以容忍啊！必须采取措施来解决这个问题"。我称之为"转化-愤怒"，因为它表达了一种抗议，但却面向未来：它开始着手寻找解决办法，而不是沉湎于追溯性痛苦的打击。（"义愤填膺"这个平常使用的词常常被用来指称这种类型的愤怒，但用法并不固定，所以我比较喜欢编造词语。）

以父母和孩子为例。家长们常常觉得孩子的行为是错误的，他们很愤怒。他们想对错误提出抗议，并以某种方式让孩子承担责任。但他们通常避免报复性偿还。（至少如今）他们很少想到，"现在你必须为你所做的事情而受苦"，好像这本身就是一种合适的回应一样。与之相反，他们问自己什么类型的反应会给孩子的将来带来进步。一般来说，这不会是一种痛苦的报复，它肯定不会遵从"同态报复法"和"以眼还眼"。如果他们的孩子打了一个玩伴，父母不会打孩子，好像那是"你应得的"。相反，他们选择那些足以确保能引起孩子注意的策略，这些策略清楚地表达出孩子所做的事情在何种意义上是错误的。他们对未来提出积极的建议，如何以不同的方式做事情。因此，心怀爱意的父母通常有愤怒的部分，但却没有报复的部

---

① 　例如Carol Tavris, *Anger: The Misunderstood Emotion*（New York，Simon & Schuster, 1982, revised edition 1989）；其他参考资料可见《愤怒与宽恕》。

分——在这里，他们的孩子受到关心，因为他们爱孩子。这将是我对民主社会提出积极建议的一条线索，我担心我们并不总是爱自己的同胞。

这种具建设性的反应也不是非对称性关爱关系所特有的。想想美好的友谊。在任何友谊中都有轻蔑和错误。一个朋友被另一个朋友的所作所为伤害了。尽管如此，如果这是强烈的友谊，受伤的朋友甚至不会想到要通过施加痛苦的方式来偿还曾遭受的苦痛。她很可能会告诉朋友她在哪些方面被错待，表明她觉得朋友的行为在哪些重要价值观念上是有所欠缺的。而在那个时候，她会采取一切可能的措施，争取对方的合作，修补裂痕，防止进一步的错误。

尽管从耶稣、佛陀到莫罕达斯·甘地等宗教和社会激进人士都已经谴责报复性愿望，但它们是人性的深层组成部分，主流宗教的某些部分与许多社会文化都助长了它们的存在。[①]在前社会的情况下，它们可能发挥了很好的作用，阻止了侵犯。不管那种认为以痛苦补偿或缓解痛苦的想法多么流行，它都是一种具欺骗性的虚构。杀死凶手并不能使死者复活，尽管许多受害者的家庭都要求实施死刑，就好像死刑确实以某种方式让事情回到正轨。以痛苦偿还痛苦是一个简单的想法：即使是布鲁姆的孩子也有这种想法。但这是一种虚假的诱惑，它产生更多痛苦而不是纠正了问题。正如甘地指出："以眼还眼的方式让全世界都瞎了。"

这种要求偿还的愿望在各种情况下都会产生。以离婚为例。被背叛的配偶往往感到有权寻求具惩罚性的离婚解决办法和子女监护安排，似乎这是他们应得的，仿佛惩罚性回报以某种方式恢复了权利的平衡或挽救了他们受损的尊严。但在现实生活中，偿还的作用通常远非良性的。两个人把注意力投向过去，陷入了痛苦的挣扎中，并常常给孩子、朋友和家人带来巨大的间接伤害。最终，背叛者可能得到"他的报应"，但这又有什么用呢？一般情况下，这并不能使当事人未来的生活得到改

---

① 参见《愤怒与宽恕》第三章，可供讨论。

善。由于痴迷地专注于过去，她有可能经常变得痛苦与不愉快。追求得到偿还的人想获得未来的幸福和自尊。偿还本身并不能实现这一点，而且对所有人而言，它通常会让世界变得更糟糕。

或者以我想象中的友谊为例。假设受伤的朋友想："我会报复你，这样做将抵消原来的事情，让一切都好起来。"很多人是这样想的。但这样的人不会交上好朋友。报复性的伤害有可能使事情变得更糟糕，也许会对友谊造成无法修补的伤害。

对许多美国人（男性和女性）来说，报复让人有男子气概与强大的感觉：一个真正的男人（一个坚强的女人）会对向他本人及他自己的东西施行的伤害进行反击。不是所有的文化都是这样想的。古希腊人和古罗马人认为愤怒是软弱的表现，或者是幼稚的，或者是"女人化的"，因为他们认为女人是软弱的生物。他们认为，力量意味着不被卷入"血债血偿"的游戏当中。在古代神话中，报复是丑陋的，就像古希腊悲剧诗人埃斯库罗斯通过把复仇女神、报复的诸神刻画成邪恶的、危害政治的那样——因为她们没有能力思考人类的福祉。

但稍等一下。我们都同意，如果不正当的行为足够严重，就应该受到惩罚，而惩罚通常是痛苦的。是的，我们应该同意惩罚往往是有用的，但为什么惩罚是有用的，以及惩罚如何发挥作用呢？我们也许可以把报复精神中的惩罚看作是对已经发生的事情的报复。这是我一直批评的态度，它造成了巨大的社会伤害，导致了一种令人厌恶的、使苦难者的数量不断增长的策略，好像它真的补偿了犯罪所造成的损失。但是有一个更好的态度，更像我列举的例子中的好父母的态度：我们可以试着展望未来，创造一个更好的社会，用惩罚来表达我们对人类生命和安全的重视，阻止其他人犯下那种罪行，并且我们希望阻止该人犯下其他罪行，或至少让他没有能力那样做。在某些情况下，改革是有待探讨的更长远的可能性。

如果我们这样想，无论以何种方式都要力图改善未来，那么，在想到惩罚之前，我们可能会有很多其他的想法。就像好的父母那样，我们将认为如果人们基本上得到了爱与尊重，如果他们有足够的食物，如果他们得到了体面的教育，如果他们是健康的，以及如果他们预见到未来充满机遇，那么，他们几乎不会像往常那样做错事，因此，对犯罪的思考将引导我们设计一个让生活其中的人更少一些犯罪动机的社会。虽然我们尽了最大的努力，但当他们这样做时，出于对未来的考虑，我们会认真对待这个问题。①

亚里士多德的定义还有另外一部分。他认为，愤怒常常不是针对任何原有伤害作出的回应，而只是针对他称之为"降低地位"的那种伤害而作出的回应。这看起来并非始终反映事实。我可以对别人受到的错待感到愤怒，而并没有认为它们降低了我的地位。后来的哲学家坚持亚里士多德定义的其他部分，但却摒弃了这种限制：愤怒可以是对任何不正当行为的反应，并非仅限于对地位的伤害。不过，让我们还是坚持亚里士多德的观点，因为正如实证研究者所强调的那样，它确实出乎意料地涵盖了许多愤怒的情况。

关乎地位的观点是重要的，因为我相信，这是一种说明报复能给予你想要的东西的情况。如果你关注的不是谋杀、偷窃或强奸本身，而是它影响你在这个世界上的"相对"地位的方式，那么通过将错误的人推向相对更低的地位，你确实把你自己推向了相对更高的位置。而如果你只关心相对地位，你不必担心不正当的行为（谋杀、强奸、偷窃）所造成的潜在伤害没有得到补偿。如果你只考虑相对地位，那么，报复就有点意义了。许多人是这样想的，而那或许有助于解释为什么报复是如此流行，以及为什么人们不能很快得出结论，这空洞地偏离了改善未来的任务。

关于地位的观点错在哪里？关注相对地位的做法在古希腊是很普遍的：事实上，这解释了阿喀琉斯的愤怒——当阿伽门农通过把"他的"女人带走而侮辱他

---

① 这是所有希腊和罗马主要哲学家的观点，但直至18世纪，伴随着切萨雷·贝卡利亚和杰里米·边沁的刑法改革提案，它才在犹太–基督教的西方再次变得突出。

时。正如林-曼努尔·米兰达让人印象深刻的《汉密尔顿①》提醒我们的那样，在美国建国之初，关注地位也是普遍现象。事实上，精心制定的关乎荣誉和地位的准则，引致持续的地位焦虑与许多针对所谓的侮辱而展开的决斗。②

执迷于身份的错误就在于，生活并不全都关乎名誉；它牵涉到更具实质性的东西：爱、正义、工作、家庭。我们都了解目前那些痴迷于别人对其看法的人，他们不断地浏览互联网，看谁在侮辱他们。当人们彼此嗤之以鼻，数着他们的某个帖子被"点赞"的数量等的时候，社交媒体可能会助长这种痴迷。当我们越来越多地生活在别人的眼中时，我们的生活越来越受排名影响——排名往上或往下。然而，这种对地位的痴迷，难道不是一种缺乏安全感的表现吗？鉴于那些观测世界以便找出自己不被人喜欢之迹象的人肯定能找到某些迹象，难道这没有增加不安全感吗？同样重要的是，对地位的痴迷难道没有偏离更重要的价值吗？阿喀琉斯必须知道，为了一次侮辱而毁灭成千上万的人是多么糟糕；阿伦·伯尔似乎从未清楚地了解这一点，但他的例子告诉我们，当我们变得执着地置身于"它所发生的房间里"时，我们会失去什么。

要注意的是，沉湎于相对地位与关注人的尊严或自尊是存在差别的。由于尊严属于每一个人，而人们在尊严上是平等的（至少我们应该这样想，而且通常确实这样想），因此，尊严并没有建立起一种等级制度，而且没有人会倾向于认为，侮辱他人会提高我的人格尊严。与名誉不同，尊严是平等的与不可剥夺的。③

---

① 亚历山大·汉密尔顿（1757年1月11日—1804年7月12日），美国的开国元勋。——译者注

② 参见 Joanne Freeman, *Affairs of Honor: National Politics in the New Republic*（New Haven, Yale University Press, 2002）。

③ 政治哲学家已经为人类尊严的多种不同观点作出辩护，许多观点把它建立在拥有理性或另一些被认为只属于人类的特征基础上。我的观点允许把完全且平等的尊严归属于有严重认知障碍的人，以及大多数不属于人类的动物，这并非目前这本书的主题。参见我的*Frontiers of Justice: Disability, Nationality, Species Membership*（Cambridge, MA, Harvard University Press, 2006），以及 "Human Dignity and Political Entitlements," in *Human Dignity and Bioethics: Essays Commissioned by the President's Council on Bioethics*（Washington, DC, 2008），351–380。

愤怒包含的三个错误

我们现在已经准备好了解愤怒可能把我们引入歧途的三种方式。

一是明显的错误。如果愤怒是基于错误的信息，弄错了谁对谁做了什么，不良行为是否有意为之而非不小心等，又或者让人困惑的对什么东西是重要的理解，那么，它就会误导我们，并使我们误入歧途。亚里士多德提到了那些当某人忘记了他们的名字而生气的人，这个人们熟悉的例子就是一种高估了这个人所做的事情之重要性的情况（或许也误解了意图）。由于我们生气的时候总是很急躁，因此，这些错误经常发生。

二是关乎地位的错误。我认为，如果我们认为相对的地位是非常重要的，并把注意力放在这一点上而忽略了其他的东西，那么，我们也出错了。这个错误实际上误解了某一特定价值的重要性，但由于它是如此普遍，同时也是愤怒的主要来源，我们不得不把它单独列出来，并给它一个单独的数字。

三是关乎偿还的错误。当我们允许根深蒂固的报复性思想占据上风，让自己认为痛苦能消除痛苦、死亡、谋杀等的时候，我们往往就犯了错。简而言之，当我们认为施加现在的痛苦可以修正过去时就会犯错。我们错了，因为那个想法是一种非理性的具有魔力的想法，因为它分散了我们对未来的注意力，这是我们可以改变并且经常应该改变的地方。

愤怒包含的第四个错误：无助与"公正的世界"

所有这些错误都是常见的，尤其是在政治生活中。在谁做了什么方面，或者在我们因一个并非由个体和群体造成的大的系统性问题而责怪他们方面，我们犯了错。我们高估了无关紧要的错误，有时也低估了重要的错误。我们沉湎于我们自身的相对地位（或我们所属群体的相对地位）。我们认为，偿还能解决由原初冒犯而制造出来的问题，即使它并没有解决问题。

但还有更多的因素。即使无法找到责任主体，我们仍然常常责怪他人。世界充满了意外。有时灾难就只是一场灾难。有时疾病和困难就只是疾病和困难。医疗行业无法使我们完全免于遭受疾病和死亡，最明智和最公正的社会政策也不能防止因自然灾害或对经济发展趋势的误解而造成的经济问题。但我们以君主统治的方式，期待这个世界能为我们服务。认为任何不好的事情都是某人的过错所导致的，这满足了我们的自我，也是一种深深的安慰。责备与追捕"坏人"的行为，令人深感宽慰。它让我们感到掌握着控制权而不是孤立无援。

心理学家已经大量研究了人们对世界运作方式的本能看法，他们发现，人们有一种根深蒂固的需要去相信世界是公正的。这个"公正世界的假说"的一个方面是，倾向于认为境况不佳的人是因懒惰或行为不端而导致了自己的悲惨遭遇。①然而，与这个"公正世界"信念相关的另一个方面是，当我们遭受损失和逆境时需要相信，它不仅仅是损失，它是某人的过错所导致的，我们可以通过惩罚"坏人"来弥补我们的损失。

你的父母死在医院里。相信"是医生干的"，并把悲伤转移到医疗事故的诉讼上，这在很大程度上能反映人的弱点。你的婚姻破裂了。通常在某处存在着缺陷，但有时不容易辨认出来——确实只是出问题了。然而，归咎于"坏的"配偶而试图用诉讼来压垮他，这也是人的弱点。它使生命看起来更理智，宇宙更公正。

经济困境有时是由可识别出来的个体或个人的渎职行为造成的，有时是由明显

---

① 到目前为止，已经有大量研究这些现象的文献。一个好的出发点是Melvin J. Lerner, *The Belief in a Just World: A Fundamental Delusion*（New York, Springer, 1980）。一篇把这种现象与新政努力转变美国穷人是懒惰的和无能的观念联系在一起的文章是Richard J. McAdams, "The Grapes of Wrath and the Role of Luck in Economic Outcomes," in Alison LaCroix, Saul Levmore, and Martha C. Nussbaum, eds., *Power, Prose, Purse: Law, Literature, and Economic Transformations*（New York, Oxford University Press, 2018）。

愚蠢或不公平的政策造成的；但更常见的是，它们的原因是模糊的和不确定的。我们很遗憾地说：这让世界看起来一团糟与无法治理。因此，为什么不像希腊人那样，把责任推到那些容易被妖魔化的群体身上？我们可以把责任集中归咎于移民、进入劳动力市场的女性、银行家或者富人，代替他们所说的"野蛮人"。萨勒姆女巫事件曾一度被认为是未成熟少女的群体性歇斯底里的结果。但现在我们知道，绝大多数责备女巫的人都是正要成年的年轻人，他们被一个新世界中缺乏安全感的聚居群体经常遭遇的困难所折磨：经济不稳定，气候恶劣，政治不稳定。而把这一切都归咎于女巫们是多么容易，她们通常是不受欢迎的老妇人，很容易成为目标，她们的死亡给人们的心灵带来了暂时的满足。

我们最早的童话故事就有这样的结构。汉塞尔和格蕾特在树林里游荡，寻找食物。问题在于饥饿往往伴随着这样的事实，即他们的父母不得不从事卑微的工作，没有时间照顾孩子。但故事告诉我们，这些非常真实的问题是不真实的，真正的问题在于一个住在森林里的女巫，她把小孩子变成了姜饼。当小红帽去看望她的祖母时，独自走了很长一段路。在这个故事中，真正的问题在于衰老与缺乏照料：家人住得远，而祖母的病情也没有好转。但随着故事的发展我们的注意力很快就被转移了：问题的根本不在于这个棘手的人类问题，它要求有一个结构性的解决办法——闯进祖母房子的是一头单枪匹马的狼。在这两个故事中，当丑陋的恶棍被杀死的时候，这个世界是美好的。我们对有序的宇宙的热爱，让这些简单的、虚构的解决方案变得更具吸引力。我们的思考很难完全依据复杂的事实，而把女巫烧成灰烬要比充满希望地生活在一个并非为了人的享乐而创建的世界里容易得多。

愤怒，恐惧的孩子

愤怒是一种带有独特思想的独特情感。它看起来富有男子气概且很重要，一点也不怯懦。然而，它却是恐惧的子嗣。[1]怎么会这样呢?

如果我们没有被巨大的脆弱性所困扰，我们可能永远都不会生气。卢克莱修将诸神想象为在我们的世界范围之外的完美且完整的存在物。他说:"他们不受感激所奴役，也没有被愤怒所玷污。"[2]如果愤怒是针对其他人对你或你在乎的人或物所造成的重大伤害而作出的一种反应，那么，一个完整的人、一个不能被伤害的人就没有愤怒的空间。(关于神怒的犹太–基督教画像把上帝设想为爱世人且容易深受他们恶行的伤害。)

一些道德改革者已经敦促我们要变得像卢克莱修的神一样。希腊的斯多葛主义者认为，我们应该学会完全不在乎"与运气相关的善物"，即任何可能被我们自己无法控制的外物所破坏的东西。于是，我们会失去恐惧，顺带还会失去愤怒。理查德·索拉布吉的哲学已表明，甘地非常接近于斯多葛主义者的观点。[3]

但问题是，在失去恐惧的同时，我们也失去了爱。两者的基础都是对我们无法控制的人或事的强烈依恋。没有什么比爱其他人或爱一个国家能让我们变得更脆弱。很多事情都会出错。恐惧往往是理性的，悲伤是无处不在的现实。在半年的时间里，当他的女儿死于难产，罗马共和国陷入暴政时，罗马哲学家和政治家西塞罗失去了他在世界上最爱的两样东西。尽管他的朋友们认为他过度悲伤，并敦促他做一个合适的斯多葛主义者，但他告诉他最好的朋友阿提库斯，他不能停止悲伤，而且更重要的是，他并不认为自己应该这样做。[4]以爱为准绳完全意味着痛苦。因此，

---

[1] 对于我而言，未能明确认识这种关联，是新近对美国愤怒的社会学分析的一个严重缺陷。如参见 Arlie Russell Hochschild, *Strangers in Their Own Land: Anger and Mourning on the American Right*（New York, The New Press, 2016）。

[2] 这段话出现在第一卷第44—49行，同时也出现在第二卷;它可能都适用于这两处地方，尽管第一处常常被括弧括起来。它是如此重要的一个论点，以至于卢克莱修想强调它。

[3] Richard Sorabji, *Gandhi and the Stoics: Modern Experiments in Ancient Values*（Chicago, University of Chicago Press, 2012）。

[4] 大卫·萨克里顿·巴利洛把《写给阿提库斯的信》质量极高地编辑与翻译成四卷本，收入洛布古典丛书。我讨论了图莉亚的信，参见Martha C. Nussbaum and Saul Levmore, *Aging Thoughtfully*（New York, Oxford University Press, 2017）。

一下子就使恐惧与愤怒全都消失并不是我们应该接受的解决办法。保持爱则意味着留住大量的恐惧。

虽然这并不一定意味着要保留报复性愤怒，但这使得在抗争中要以愤怒来赢取胜利变得愈发困难。恐惧不仅仅是愤怒的必要前提，对愤怒而言，它也是一种毒药，助长了四个错误。当我们害怕的时候，我们会急于得出结论，并在我们认真仔细地考虑关于谁及如何做等问题之前就进行猛烈抨击。就像经济问题通常会出现的那样，当问题是复杂的且它们的原因又几乎不为人知时，恐惧常常使我们归咎于个体或群体，继而采取追捕女巫式的行动，而不是停下来把问题搞清楚。

恐惧也助长了对相对地位的痴迷：当人们觉得自己比别人强大时，他们认为自己是无法被摧毁的。但当人们用地位来保护他们脆弱的自我时，他们反倒很容易被激怒，因为这个世界充满了侮辱和轻蔑。事实上，卢克莱修把一切地位竞争都归结为恐惧，认为这是一种自我抚慰的方法：贬低别人会让自己感到强大。[①]

而恐惧也助长了对报复的专注，这是因为脆弱的人认为，报复不法分子，甚或是消灭他们，是重建失去的控制权和尊严的一种方式。卢克莱修甚至把战争归结为恐惧：感觉不到安全，我们对那些威胁我们的东西表示震怒，并试图消灭它。他忽略了这样一个显而易见的可能性，即战争有可能是由对真正威胁我们的安全和价值观念的东西所作出的合理反应而引起的，也就是说是对理性的恐惧的反应所引致的。[②]故而，我们不应全盘接纳他的分析。我不是和平主义者，我所认为的没有愤怒的主要英雄马丁·路德·金和纳尔逊·曼德拉也不是和平主义者。我认为，甘地在支持完全和平主义方面犯了一个大错。但即使是战争——就像我相信的第二次世界大战曾经的那样——也往往被侵略者对流血的狂热所玷污。人们可以肯定地说，

---

①   Book III.59–64, 74–8，进一步的讨论参见第五章。
②   Book III.73. 他只是把内战归咎于恐惧，这是他那个时代罗马最重要的问题。他没有对国外战争发表评论，也没有排除战争可能是合理的——这是因为，他的目标是去说服他的对话者梅米厄斯——一位军队中的罗马人，他在战争中曾短暂停止了战斗。

轰炸德累斯顿等事件是出于报复而不是合理的政策。伟大的领导人明白，我们需要保留与强化坚决反对错误行为的精神，不以报复性思维来安慰自己。温斯顿·丘吉尔在他精彩的演说中说道："我所能奉献的只有热血、辛劳、眼泪和汗水。"这次演说提到了危险、去奋斗，以及愿意接受巨大的痛苦以维护民主价值。它因其完全没有报复主义而引人注目。丘吉尔并没有说，报复纳粹会消除对自由的威胁。自由是美好的，而我们必须准备为此受苦，但我们必须专注于捍卫我们所爱的东西，而不是像埃斯库罗斯的复仇女神所说的那样，"在土地上吐出我们的毒液"。丘吉尔的演讲与最优秀的盟军致力于重建战后德国的目标融为一体，而我们现在可以看到这一过程的智慧，因为德国是我们最有价值的同盟之一。

最后，无助以及随之而来的恐惧导致了一种本能反应。在这个过程中，我们把责任归咎于某人，以便于自己感到更少地受到命运的打击且更多地获得控制权。即使是漫长而艰难的斗争（旷日持久的医疗事故诉讼、持续多年的离婚诉讼）也在心理上比接受损失更可取。

没有报复的抗议

还有什么选择呢？我们可以保持坚决反对不公正的精神，同时放弃回报的空洞幻想。这一前瞻性的策略包括了，当出现不正当行为时表示抗议，而不是让它在解决全球经济问题之晦暗不明、外包以及与我们公民福利相协调的自觉等地方，继续存在下去。不要抓住指责不放而视之为无力感的替代物，也不要屈服于绝望。即使我们有信心把错误归咎于个体或群体，我们仍然可以坚决拒绝报复而满怀希望地展望未来，选择那些经设计用于使事情变得更好的策略，而不是施加最大的痛苦策略。

让我们只考虑一个不包含复仇的反抗的例子——马丁·路德·金的观点，他为我们社会持续地与种族主义作斗争与追寻正义做出了如此之大的贡献。金总是说，愤怒具有有限的作用，因为它把人们带到他的抗议运动中，而不是绝望地坐着。而一旦他们到了那里，愤怒就必须得到"净化"和"疏导"。①他的意思是，人们必须放弃实施报复的愿望，同时又保持合理抗议的精神。他们需要希望与有可能实现正义的信念，而不是报复。在1959年的一篇文章中，他指出，争取融合的努力仍将遇到障碍，这些障碍可以用两种截然不同的方式来克服：

一种办法是，发展一个健全的社会组织，用有效的、坚定的措施来抵制任何妨碍进步的努力。另一种办法是，令人困惑地受愤怒驱动而着手以暴力的方式进行反击，造成伤害。首先，它试图引致伤害，以此报复不公正所带来的痛苦……它是惩罚性的，而不是激进的或建设性的。②

当然，金正在描述的并非只是一种根深蒂固的人类倾向，而是马尔克姆·埃克斯的实际想法和情感，就像他所理解的那样。③④

金一直坚持认为，他的做法并不意味着默许不公正：在金称之为"直接的行动"中，仍然有一个迫切的要求，依旧有对不公正状况的抗议，在这个过程中，抗议者的身躯承担了极大的风险。然而，抗议者的焦点必须转至所有人都必须共同努力创造的未来，带着对正义的可能性的希望和信念。

简而言之，金赞成并构成我称之为"转化-愤怒"的例子：愤怒中反馈的部分并没有伴随着回报。为了更好地理解这一点，让我们研究一下他的《我有一个梦

---

① 我分析了金这部作品中最相关的文本。"From Anger to Love: Self-Purification and Political Resistance," in Tommie Shelby, ed., *To Shape a New World: Essays on the Political Philosophy of Martin Luther King, Jr.*（Cambridge, MA, Harvard University Press, 2018）. 一些段落的参考资料也在《愤怒与宽恕》第七章予以提供。
② James M. Washington, ed., *A Testament of Hope: The Essential Writings and Speeches of Martin Luther King, Jr.*（New York, HarperCollins, 1986）, 32.
③ 那些观点也在《从愤怒到爱》当中有所讨论。也应当特别参看马尔克姆的演讲 "Message to the Grassroots," in George Breitman, ed., *Malcolm X Speaks*（New York, Grove Press, 1965）.
④ 我在《愤怒与宽恕》第二章讨论了这篇演讲，但这是有细微不同的新分析。这篇演讲本身在网络上随处可见。

想》演讲的情感序列。实际上，金起初是以看起来像是以召唤愤怒的方式进行演说：他指出了种族主义的不正当伤害，这没有履行国家对平等的含蓄承诺。在《解放宣言》①发表一百年后，"种族隔离的镣铐与歧视的枷锁，使黑人的生活依然悲惨地备受压榨"。

金采取的下一步行动意义重大，因为他没有妖魔化美国白人，而是冷静地把他们比作在财务上没有履行义务的人："美国给黑人开了一张空头支票，一张盖上'资金不足'的印戳后便退了回来的支票。"这开启了我所说的转化-愤怒：因为它让我们以非报复性的方式事先进行思考。关键的问题不是如何羞辱白人，而是如何偿还债务，而在财务的隐喻中，把债务人毁掉的想法不太可能成为核心。

如今要谈到未来，就像金专注于这样一个时代一样——在这个时代，所有人都有可能联合起来追寻正义与履行义务："但我们拒绝相信正义的银行已经破产。我们拒绝相信这个国家巨大的机会宝库里已没有储存足够的资产。"他再一次没有提到折磨或报复，只提到了最终确保保障公民权利的决心。金提醒他的听众，这是一个紧急的时刻，并且存在愤怒蔓延的危险，但他事先拒绝了这种行为。"在争取合法地位的过程中，我们一定不要因做错事而犯法。我们不要为了满足对自由的渴望而拿起敌对和仇恨之杯痛饮。……我们要不断地升华到以精神力量对付物质力量的崇高境界中去。"

故而，"回报"被重新理解为对公民权利的维护，这是一个团结黑人和白人以寻求自由和正义的进程。每个人都从中受益：正如许多白人已经认识到的那样，"他们的自由与我们的自由密不可分"。

接下来，金否定了一种可能导致放弃努力的绝望。正是在这一点上，演讲中最著名的部分，即"我有一个梦想"，开始起航。当然，这个梦不是一个关于报复性

---

① 一译为《解放黑奴宣言》。——译者注

惩罚的梦，而是一个平等、自由和兄弟般情谊的梦。在高潮的部分，金邀请其听众中的非裔美国人想象一下与他们此前的折磨者的兄弟情谊：

我梦想有一天，在佐治亚的红山上，昔日奴隶的儿子将能够和昔日奴隶主的儿子坐在一起，共叙兄弟情谊。

我梦想有一天，甚至连密西西比州这个正义匿迹、压迫成风的地方，也将变成自由和正义的绿洲。……

我梦想有一天，亚拉巴马州能够有所转变，尽管该州州长现在仍然满口异议，反对联邦法令，但有朝一日，那里的黑人男孩和黑人女孩将能与白人男孩和白人女孩情同骨肉，携手并进。

在这一演讲中确实存在着义愤，而义愤激起了一种追认的想象，这有可能容易采用报复的形式。然而，金马上忙于把报复主义重塑为职责与希望。因为理智地且客观地说，不公正怎能通过报复性偿还而得到补偿呢？压迫者的痛苦与地位的降低并不能使受苦的人获得自由。只有面向正义的明智且具有想象力的努力才能做到那一点。

或许，把金比作埃斯库罗斯似乎让人感到奇怪，考虑到金在文学和哲学方面的渊博学识，这种想法一点也不怪异。基本上，他说的是同一回事：民主必须放弃空洞的与带有破坏性的报复思想，并朝着法律公正与人类福祉的未来前进。金的对手把他的立场描绘成软弱。马尔克姆·埃克斯讽刺道，这就像咖啡里倒了那么多牛奶，以至于它已经变白与变冷了，它甚至尝起来都不像咖啡。①但那是错的。金的立场是强硬的，而不是软弱的。为了未来，他抵制了人类最强大的冲动，一种报复性的冲动。政治上最棘手的问题之一是，坚持坚定地寻求解决办法，而不让恐惧把我们引向愤怒的错误轨道。埃斯库罗斯和金分享的理念是，民主的公民应该勇敢地面对

---

① 参见 "Message to the Grassroots," in George Breitman, ed., *Malcolm X Speaks* (New York, Grove Press, 1965)。

我们在政治和社会生活中遇到的问题与令人愤慨的不公正。在愤怒与恐惧的状态下进行抨击，并不能解决这些问题；相反，它会导致报复性暴力的螺旋式上升，就像在雅典和罗马一样。

卢克莱修讲述了人类愤怒和恐惧肆意妄为的残酷故事。他设想了一个与他自身无异的世界，在这个世界里，不安全会导致侵略行为，而侵略行为不会平息不安全。（在他写作的时候，罗马共和国正在崩溃，而到处蔓延的不安全很快就会被暴政所取代。）他想象，为了平息恐惧，人们变得越来越好斗——直到他们想出一种新的方法来给敌人带来最大的伤害：让野兽去当兵。[1]

他们甚至在战场上试用过公牛。

他们练习放出野猪对付敌人。

他们甚至用凶猛的狮子作为先遣部队，

配备了一支由被武装起来的凶猛训练者组成的特殊部队

以便于控制它们，并给它们套上甲胄。

这样做没有效果。

狮子兴奋地到处乱窜，打乱了队形。

甩着鬃毛，踩伤了军队。

在充满诗意的力量之旅中，卢克莱修想象着动物所造成的屠杀。继而，他回到了现实中。这真的发生过吗？他说。也许，它发生在我们之外的太空的另一个世界。他说，那些虚构的人想要完成什么？给敌人带来巨大的痛苦——即使这意味着他们将灭亡！

卢克莱修的观点是，我们的报复情绪与那些野兽无异。人们可能认为愤怒很强大，但它总是失去控制，并转而加害于我们。而更糟糕的是，人们总是不在乎。他

---

[1]　Lucretius V.1308–49，下面是我的翻译。

们深深陷入了报复的幻想中，他们宁愿什么也不做，只要他们让"那些人"受苦。他那科幻般的残忍想象提醒我们，只要我们让自己被恐惧、愤怒与指责政治所控制，我们就永远会打败自己。

存在着更好的选择。埃斯库罗斯知道这一点，而金既知道这一点，也以这种方式生活。创造一个正义和福祉的未来是困难的。它需要自我反省、个人冒险、寻求批评意见，以及不确定的方案来与对手同心协力——借助希望及我们所说的理性信念。

这种推进的关键之处在于，跟随金把行为者与行为区分开来，接纳他人体现人性的一面，而反对他们或许已经犯下的错。以这种方式，我们能够开始把我们的公民同胞视为我们的朋友，即使我们不赞成他们所说的和所做的。然而，在恐惧–责备–偿还的模式中，我们看不到别人有什么好的地方。尤其是在我们如今的社交媒体世界，太容易形成相互指责的网络，而不是具有建设性的网络。当我们这样想的时候，我们等于邀请野兽来帮助自己，而他们因此而接管并涉足其中就不足为奇了。

第四章

受恐惧驱使的厌恶：排他的政治

　　所有社会都把某些人类群体边缘化或使之处于从属地位。在封建社会和君主政体中，从属性是官方治理理论的一部分：贵族优于农民并应该支配后者，国王有支配他人的神圣权力。与之相反，在现代国家，公共规范通常是一种体现平等尊重与平等考量的准则。因此，一旦出现群体从属现象，就违反了社会自身的正义准则。但我们知道，现代国家的公民并非与众不同，他们只是人，除非牢牢控制住恐惧与自我防卫倾向，否则他们容易遭遇我们当中的最优秀者遭受的所有失败——那些倾向致使最优秀者失败了。因此，我们可以推测，现代公民既需要良好的社会规范，又需要良好的法律来支持平等的尊重——即使那些规范是现存的，但在充满压力或不确定性的时代，却很容易出现背叛。

　　我们的社会（像大多数社会一样）有一段基于种族、性别、性取向、残障、年龄和宗教等原因而排外的令人不快的历史。在我们当前的政治时刻，以前被排除在外的群体对平等和尊严的要求往往通过具仇恨性的宣传，甚至是具仇恨性的犯罪而得到满足，这种情况常常令人痛心。实际上，我们对仇恨性团体和仇恨性犯罪的数量所知甚少。根据多年来编写关于仇恨性犯罪资料的南部贫困法律中心的数据，仇恨性团体的数量从2015年的892个上升到了2016年的917个。根据加利福尼亚州立大学圣·伯纳迪诺分校的仇恨与极端主义研究中心的数据，美国9个大都市辖区仇恨性犯罪的数量去年增幅超过了20%。根据美国联邦调查局2015年的一份按类型划分仇恨性犯罪的研究报告，59.2%的仇恨性犯罪由种族偏见所引起，19.7%由宗教偏见（其中，反对犹太教徒的案件数量最多，而反穆斯林的案件数量也越来越多）引起，17.7%由性取向偏见引起。

不过，这方面的数据并不可靠。正如2014年的联邦调查局局长詹姆斯·柯米指出："我们需要更好地跟踪与报道仇恨性犯罪，以充分了解我们的共同体正在发生什么事情以及如何阻止它。"这一类犯罪明显增加，当然部分原因在于数据收集方法的改进以及报道增多。因此，我们不应对特朗普支持者人数的所谓剧增感到恐慌或立即予以指责。与此相反，要记住，美国有一段关乎仇恨性犯罪和敌意的让人感到不愉快的历史，特别是在种族方面，但也包括由宗教、性别和性取向引起的犯罪，我们应当认识到，不论数量是否有所增加，都存在太多的仇恨性犯罪，而我们应该想办法阻止它。2017年8月，在弗吉尼亚州夏洛茨维尔的白人至上主义和反犹太主义之令人不悦的复苏，暴露了这个长期酝酿的问题。

我的哲学分析不会考虑的一个因素是在美国很容易得到枪支。所有国家都有仇恨和仇恨造成的犯罪，在欧洲或许只是一场斗殴事件，而在我国则经常演变成为多人参与犯罪的枪击事件。我相信这是目前仇恨性犯罪问题的一个主要的部分，但这不是我要讨论的。幸运的是（因为如今这个问题在政治上不可能取得进展），还有其他事情可供讨论！

寻求补救办法意味着明确这些问题的根源。对排斥的情感问题进行哲学–心理学分析能清楚说明我们在哪里，以及我们可能去哪里，我们可以怎样追求更大的互惠和平等。

排斥如何发挥作用？是什么情感在驱动和形成它？恐惧在这些等级的创立中扮演什么角色？在这方面，恐惧会导致很多不良行为，特别是当恐惧与愤怒–责备的相互作用结合在一起时。恐惧及与之相关的愤怒在针对穆斯林的仇恨性犯罪中尤为突出，在这些犯罪中，恐惧的浪潮很容易被转移到谴责与报复性暴力的方向上。然而，在这一点上，我们还需要考虑另一种情感。就像愤怒一样，这种情感被恐惧所感染，而恐惧常常导致这种情感的产生，从而使我们误入歧途。然而，与愤怒不同的是，这种情感不需要有不当行为或不当行为的威胁就能生成。它由对动物性和生命之有限性的焦虑所激发，因而由身体特征所引发，不管是真实的还是被推测的，这些特征与我们对生命的有限性与脆弱的动物躯体的焦虑密切相关。

那种情感就是厌恶。这种情感的非理性是许多社会罪行的根源。[①]

让我们回到童话故事。女巫和妖怪不仅构成威胁，他们也是丑陋的与畸形的。通常，他们在某种程度上是丑陋的：他们让我们感到厌恶。他们的身体被想象成不干净的，或黏糊糊的，或发臭的，他们甚至经常以具有那些特征的动物的形态（青蛙、蛇、蝙蝠）出现。当莎士比亚在《麦克白》中把女巫描绘成这些肮脏动物的同伙时，他知道自己在做什么：在她们酿的酒中加入"沼泽里的蛇肉片""蝾螈的眼睛和青蛙的脚趾"，等等。

而莎士比亚也知道如何轻而易举地把黏糊和粗野投射到被视为不受欢迎的、人数占少数的群体身上。种族和性别上占少数的人与恶心的黏稠的动物并列在一起，仿佛他们的身体本身就是黏稠的和恶心的。

而我们正有所期待。我稍后会回头讨论这些跟"投射性厌恶"相关的选择性例子。接下来，我们首先谈谈"原初的厌恶。"

---

① 我已经在早前的两本书中谈到了厌恶：*Hiding from Humanity: Disgust, Shame, and the Law*（Princeton, Princeton University Press, 2004），以及 *From Disgust to Humanity: Sexual Orientation and Constitutional Law*（New York, Oxford University Press, 2010）。前者从心理学和哲学的角度研究厌恶和羞耻的情感，然后从各种各样的偏见类型中考虑例子。后者着重谈那个领域中的性取向和厌恶在偏见中的作用。在更近期的研究当中，我和印度的同事已经组织了一项关于厌恶和耻辱之两国比较的研究，收入 *The Empire of Disgust: Prejudice, Discrimination, and Policy in India and the US*, edited by Zoya Hasan, Aziz Huq, Martha C. Nussbaum, and Vidhu Verma, Oxford University Press, Delhi。该卷考虑了与不同路线的偏见相关的厌恶，这些偏见路线体现在种姓、种族、性别、性取向、残障、年龄、阶级等方面。（每个主题有两篇论文，允许有不同的观点和论点。）

原初的厌恶与脆弱性

厌恶似乎是一种特别发自内心的情感。其常见的条件反射是呕吐或至少会说出"恶心"。与恐惧相似，厌恶很可能是我们"进化遗产"的一部分。然而，与恐惧不同的是，它并不存在于非常年幼的孩子中，这些孩子喜欢玩自己的粪便，直至他们被教导不要这样做。事实上，厌恶最初在如厕训练时就被观察到。这并不意味着它完全是一种后天养成的行为。一种倾向或许是天生的，但需要时间去发展，就像语言一样。然而，这确实意味着，文化有大量时间来塑造它，而我们应该对那些因文化特殊性而生成的东西保持警惕。

我将使用"原初的厌恶"这个词语来指称对身体排泄物和其他体液的"恶心"反应以及指称看似带有那些诸如污秽、黏糊、有味道等感官特性的动物——女巫放进大锅里的所有东西。莎士比亚也加入了蟾蜍、蜥蜴和蝙蝠；而我们肯定会往我们的锅里加入蟑螂、苍蝇、臭虫，或许还有老鼠。对此，德语有一个通用术语：Ungeziefer。那是在卡夫卡《变形记》中，格里高尔·萨姆沙发现自己所变成的东西，而卡夫卡的目的——这无法用其他语言加以准确形容——是为了让这些恶心的物种难以捉摸。格里高尔式的Ungeziefer的最主要且突出的特征是它的存在所引出的厌恶。

我们一定要在引起恐惧的要素清单上添加进动物和人的尸体，这也是非常重要的一点。实际上，对其他类型的厌恶而言，这种厌恶或许是关键，因为衰变腐烂的想法就像是一条把所有其他原初厌恶之物连接起来的线。

起初，我们可能会认为原初的厌恶是一种简单的非认知的感官反应。然而，保罗·罗辛和他的同事的一项重要的心理学研究表明，事实并非如此：厌恶具有明显的认知内容。[①]一方面，实验表明，厌恶与简单的感官反应不是一回事。完全一样

---

① 我在《逃避人性》中详细地讨论了罗辛（及他的同事们）的研究，做了内容详尽的引用。

的气味会引起不同的反应，这取决于实验对象认为气味从哪里来。实验对象闻一闻一个装着未知物品的小瓶。那些认为气味来自奶酪的人通常喜欢它；那些被告知气味来自粪便的人通常会觉得恶心。（真正的气味非常相似。）当你认为它是奶酪时，你可能也会觉得把它放进嘴里是件好事。当你感觉恶心，认为它是粪便时，你的厌恶会驱使你离开，你永远不会把它放进你的嘴里。研究人员由此得出了结论，厌恶包括这样一种想法，即这是一种污染物：摄入甚或是触碰它都是有害的。嘴巴就像是特别能引起强烈情感的边界。

我们都避免吃那些危险的东西，粪便事实上也是危险的，尸体和许多黏糊糊的动物也是如此。因此，研究人员接下来测试的假设是，厌恶是一种对危险的恐惧。这一假设有一定道理，因为恶心和危险之间具有某种粗略的关联，厌恶很可能已经演变成一种机制，保护我们免受来自衰败腐烂和细菌的危险。即使我们很了解危险，但作为一种启示，它仍具有一定作用。因此，把闻起来很恶心的牛奶扔掉，而不是花时间做细菌测试，是一个好主意。

然而，研究表明，厌恶与对危险的恐惧反应是不同的。很多危险的东西都不恶心：毒蘑菇就是一个明显的例子。而即便根本不存在危险或危险已被消除，许多东西仍然看起来是令人厌恶的。摄入尿液、精液和血液并非不安全，而汗液只是尿液的一种形式，只有附近有细菌时，它们才是危险的。换句话说，汗液本身并不是危险的，而是有汗液的人的皮肤是危险的。因此，必须有一个不同的说法来解释我们拒绝吃这些东西的原因。为什么它们和粪便及鼻涕在一起？这才是真正危险的。此外，实验对象拒绝吃经消毒的蟑螂或者喝经消毒的苍蝇拍搅拌过的果汁。其中一个实验是将一只被消毒过的蟑螂密封在一粒无法被消化的塑料胶囊里——这粒胶囊会保持原来状态，随实验对象的粪便排出。人们仍然拒绝吞下它。因此，感知到的危险并不能真正解释人们对摄入某些种类的东西的厌恶。

当我们意识到厌恶使用的是一个关乎形状与接触的象征性词语（罗辛称它为

"奇思妙想") 时，事情就变得愈发复杂了。故而，人们拒绝吃形状像狗的粪便的软糖，即使他们知道它是什么东西。同样，他们拒绝喝一个形状像便盆的经消毒的容器里的果汁。而接触至关重要：如果有东西碰到了恶心的东西，它就会变得恶心，不管我们怎么清洁它。因此，如果一只老鼠吃光了盘子里的食物，人们就不想再用那个盘子了，不管它被洗过多少次。

研究人员得出结论认为，厌恶意味着讨厌去接触，关于污染的想法能揭示其原因。这种想法可能涉及危险，但它也有可能仅仅涉及拒绝成为那个东西，拒绝把那个（基本的）东西作为你身体的一部分。"你吃什么，你就是什么"的观点，被研究者看作是以这种思维方式为基础的民间信念而被加以引用。厌恶背后有一种焦虑，显然，这是因为它在生理上的本能反应是厌恶和逃避。但考虑到它的象征性本质，焦虑并非仅仅是对危险的恐惧。罗辛注意到所有（原初的）厌恶的对象都是动物或动物性的（可能还存在一些黏糊的植物如秋葵等，有些人觉得它们是令人恶心的）。而他的结论是，厌恶的对象是"动物性提醒"，这些东西让我们想到自己的动物性，进而想到生命的有限性。

正如我于2004年指出且随后一些研究者也强调的那样，罗辛在这里进展得太快了。我们不会对自身的动物性的一切方面都感到恶心，比如力量和速度；我们也不会厌恶那些具有这些特性的动物。我们厌恶那些我们认为卑鄙的或降低人的道德品质的东西，特别是那些死亡且腐烂的东西，或者是提醒我们死亡和腐烂的恶臭。因此，我们不应过于草率地将厌恶与恐惧、与避免有害的病原体区分开来。厌恶被注入某种类型的恐惧，但——罗辛在此是对的——与这个或那个东西是危险的想法相比，它是一种更深层的恐惧。它是一种在某种程度上与死亡及体现我们有可能衰败腐朽的东西相关的恐惧，一种通过符号而非仅仅通过感官属性来发挥作用的恐惧。我们确实拒绝接受腐烂，因为继之而来的是"死亡"。

所有文化中的人都展现出对自身动物性的焦虑。他们是动物中唯一有这种焦虑的。我们试图隐藏我们动物性的表征，而当它们被强加于我们时，我们就会避而远之。乔纳森·斯威夫特的诗《女士的更衣室》是对人类这种普遍倾向的了不起的描绘。这位女士花了五个小时洗澡穿衣，把自己装扮成"女神"，"甜美干净"，"配有花边、锦缎和面巾纸"。但是她的爱人偷偷溜进她的化妆间，发现了她所有的动物性特征：当他打开洗衣箱，一个名副其实的潘多拉邪恶之盒时，他的厌恶情绪达到了顶点。

"就这样完成了他的大调查，感到恶心的史切芬溜走了，他以多情的方式重复道：哦！西莉亚，西莉亚，西莉亚混蛋！"如果斯威夫特对这些事情异常痴迷，他就会表达出人类深切的焦虑，而且他说得没错，人生活（当然不仅仅是女性的生活）的大部分都被我们尽力不令他人或我们自己感到恶心的常规方式所占据。

我们也不应认为这些焦虑来自一个早已消逝的时代。对女神般的西莉亚的需求，充斥着互联网的色情网站，它抹去了女性的体毛、皱纹、分泌物、月经和其他东西，当然还减去了所有的气味。继而，人们期望女性把自己装扮成为经过梳洗的那种类型的西莉亚；在某种程度上，如果她们不成功，她们就有被发现是恶心的危险。

这一切是怎么一回事呢？"女神"的称谓告诉我们：它关乎要超越我们终将死亡的肉体上的人类本性，掩盖自己和他人的死亡与衰败。其他动物都不会这么做。女性常常被期待能格外注重这一点。所有的动物都以一种直接的方式害怕死亡，逃避痛苦与生命的终结。很多动物物种会掩埋粪便，它们也会抛弃日渐老去的或患有残疾的成员。但我们是唯一一种动物，会把自身对死亡的厌恶转变成一种奇怪的具有象征性的投射——这是一种关乎超越的投射。这是伟大的灵长类研究人员弗兰斯·德·瓦尔所说的"人类学的否认"，否认我们在动物物种中的成员资格。

当我们把原初的厌恶限定在体液以及有臭味与具有黏性的物体上时，厌恶是相当有用的。即便是这种原初的厌恶也充满了恐惧。它表达了人类学家恩尼斯特·贝克尔所说的"否认死亡",而它不仅仅是否认,同时还是逃离。①即便我把它称作为"原初的",并且认为相对而言它没有受文化差异的影响,但它肯定具有复杂的象征内容,表达了一个注定要失败但却至关重要的人类计划。

投射性厌恶与群体的从属地位

正如我们所看到的那样,在如厕训练中,厌恶感开始出现。因此,文化有机会塑造它。在某种程度上,就它所传递的关于身体方面的人类本性信息——它是多么好的或者多么可怕的——而言,个体和文化之间存在差别。但是,没有一个已知的社会,或许也没个体,能够充分地与一贯地体现沃尔特·惠特曼的理想,用爱拥抱"带电的躯体",并且没有从中退缩。②也许,我们甚至不应该想着那样,这是因为人类超越死亡的努力可能是许多科学和文化进步的根源。

无论如何,厌恶并不仅仅止于那些"原初的物体"、体液、具有相似特性的动物以及尸体。厌恶向外蔓延,随着时间的推移,它的文化形式变得越来越复杂。从动物性和死亡中的逃离,采用了一种很成问题的形式:它变成了我所说的"投射性厌恶"。

那项通过界定我们的"更高"地位来对抗"纯粹"动物的计划是不保稳的。因为当我们认为自己高于动物时,我们总是在欺骗自己,我们的谋划是不足信的且容易被揭穿。我们的动物躯体每天都以无数的方式吸引我们的注意力。现在,当我写这个句子的时候,我必须去小便,我正在努力判断,在我不得不休息一下去上厕所之前,我能够继续工作多长时间。即使我们摆脱原初厌恶的对象而不再感到恶心,尽力保持自身的纯洁而不受一切污染,我们也并非很成功。不管我们怎样洗刷、擦

---

① 参见Ernest Becker, *The Denial of Death*（New York, Free Press, 1973）。
② "我歌颂那带电的躯体"是惠特曼诗集《草叶集》的一部分。

洗以及打开窗，我们还是几乎经常会接触到自己和别人的分泌物。有些对身体分泌物的厌恶是合理地基于对危险的恐惧。因此，像大多数歌手一样，我对打喷嚏的人与咳嗽的人都感到非常惧怕。但其中很多都是真实的恶心，很难让令人恶心的东西远离我们。

事实上，只有在那些通常从不提及身体机能的高级文学作品中，我们才能成功地远离自我。即使在更容易被接受的讽刺和喜剧领域，斯威夫特仍是让人震惊的。但令人奇怪的所谓"现实主义小说"是一个具有启发性的案例，说明回避如何成为整个体裁的规范。许多真实的场景确实存在于"现实主义小说"中，许多人物和地方甚至是食物的细节也在其中。即便在危险的时候，自然的物质性也被强有力地呈现出来。但（直至较为近期）令人感到恶心的东西的整个场景都已经被消除。没有厕所，没有刷牙，没有月经期，没有流鼻涕的鼻子，没有性液体。死亡的人没有尸体，意味着没有提到恶臭与腐烂。当詹姆斯·乔伊斯突然这样刻画打算去户外厕所的奥珀德·布鲁姆形象——他后来抬头看到格蒂·麦克道威尔的裙子时手淫，对此公众感到震惊。一位早期的评论者写道："所有邪恶的秘密下水道都在难以想象的想法、图像和色情语言的流动中扭曲变形了。"[1]读者们看待自身的恐惧是如此之大，以至于每天的表现看起来都像是可怕的邪恶。当戴维·赫伯特·劳伦斯明确描写性交时，他也被指控犯规，是"淫秽的"，这个词来源于拉丁语caenum，或称污物。的确，法官们已经指出，淫秽的确切法律定义参考了恶心的东西。[2]

因此，人们不断地与自己作对，不管他们多么努力地不去这样做。然而，如果人们不能完全远离自己内心的恶心，那么，或许通过一种在人类社会中整体上非常普遍的更深远的策略可帮助他们。这里有一个"聪明的想法"：如果我们能找出一

---

① James Douglas, in the *Sunday Express*, 1922, Quoted in David Bradshaw, "James Douglas: The Sanitary Inspector of Literature," in *Prudes on the Prowl: Fiction and Obscenity in England, 1850 to the Present Day*, ed. by David Bradshaw and Rachel Potter（Oxford, Oxford University Press, 2013），90–110（97–98）.
② 关于淫秽问题的相关法律的历史，参见《逃避人性》第三章。

群我们认为比我们更像动物的人，更多汗、更臭、更具性欲、更充满死亡的恶臭呢？如果我们能识别出这样一群人并成功地将他们置于从属地位，我们可能会感到更安全。那些"人"而非我们是动物。那些"人"是又脏又臭的，"我们"纯洁且干净。而他们的地位低于我们，我们主宰着他们。这种让人困惑的思维方式在人类社会中普遍存在，它是一种在我们自身与我们存在问题的动物性之间制造出距离的方法。

再想想童话故事。年幼的孩子反复多次学习如何平复自己的恐惧，而他们使用的方法并非理性地思考如何保护自己免受饥饿、疾病和生活中其他危险的伤害。与之相反，他们一而再，再而三被他们听到的故事所鼓舞，把责任归咎于一种丑陋、畸形、野蛮的人物形象，一个食人魔或女巫，甚至是一只会说话的动物，他们告诉自己，如果他们能够控制和支配那些人物形象，把他们自己内心所害怕的东西投射出去，生活将更加安全。早在久远的古罗马，女巫就被描绘成令人厌恶的与肮脏的人。①

在童话故事中，坏人通常是单个人，但在社会生活中，恶心往往会被向外投射到弱势群体身上。如果我们能避免那些人的污染，我们就能以某种方式避免并超越我们自身的动物性。

那就是我称作"投射性厌恶"背后的想法。这似乎是一次疯狂的、注定要失败的投射。人类天性在任何地方几乎都是一样的，那么怎样才能做出这种细分呢？就像居于从属地位的群体证明它们自身具有相似的人类天性一样，难道他们自身形象肯定不会突然崩塌？投射性厌恶被称为"投射性的"，是因为它将厌恶的特性从自我中传递出去，并传递给其他人，认为"他们是臭的与野蛮的"。然而，把注意力

---

① 参见Debbie Felton, "Witches, Disgust, and Anti-abortion Propaganda in Imperial Rome," in Donald Lateiner and Dimos Spatharas, *The Ancient Emotion of Disgust*（New York, Oxford University Press, 2017），189–201。德比·菲尔顿论证道，这件事对让人厌恶之女巫的强调与对女性性自由（包括堕胎行为）的潜在焦虑密切相关。

集中在将让人讨厌的特性归咎于他人，难道这肯定不会把"我们的"（占支配地位的群体）目光转向自己，让"我们"意识到"我们"攻击的目标及投奔的对象恰恰是我们自身吗？

尽管如此，投射性厌恶在每个为人所知的社会中都是突出的。作为因被厌恶而居于从属地位的对象，一些群体是种族性的亚群体，他们通过肤色或其他表面的特征而被区分开来。我们知道虚假的种族科学是如何被创造出来的，目的是支持这样的谎言，即那些群体（非裔美国人、亚洲人、美国原住民）实际上是"他者"，其他群体是基于宗教-种族的成员身份而成为被攻击的对象。其他群体之所以成为众矢之的，是因为他们非主流的性观念使其自身引起了人们的注意。在许多社会中，男同性恋者、女同性恋者和变性者因为他们在身体与性方面的突出天性，让人格外关注：在某种意义上，他们似乎更加与身体方面的问题密切关联。

还有其他群体因其直接提醒居于主导地位的群体他们自己的弱点、他们自身的未来而被认为是令人讨厌的。因此，印度等级制度中前一种"不可触摸者"就是那些处理粪便和尸体的人，以及清扫地板的人。通过避免与他们有身体接触，人们在某种程度上幻想他们避免与自己的"污垢"相接触——尽管事实是，他们自己每天也排出较低等级的人所携带的废物，尽管他们目睹了所有社会群体中的人的死亡。

因此，每个社会中患有严重精神问题和身体残疾的人也已经作为一种背叛而被刻意回避，似乎避免那些残疾的情况会让人不容易使他们自身有缺陷。一种特殊的厌恶通常是针对不断老去的人群的反应，因为那是一个大家都知道他们迟早会走到生命尽头的群体，除非他们过早离世。与有皱纹或运行不畅的身体保持距离，让人感觉更舒服，就像生命的真正灵丹妙药一样。

而对女性身体的厌恶（月经、松弛的肉体）以一种独特的方式与恐惧和欲望结合在一起，所以我们待会儿再谈论这个话题。

如果认为我们能真正避免接触到动物性的一面是疯狂的想法并注定失败，那么，认为我们能够避免与那些亚群体的成员相接触的想法就不那么疯狂了。莎士比亚时期的英国只驱逐犹太人，因此，在1290年到1656年间，英国根本没有犹太人。这是一个真实的群体，它可以被历史记录，也可以被生动想象，但只是在英国根本不曾存在，莎士比亚和他的同僚们以这样一个群体的形式去想象那些令人厌恶的人，实在让人印象深刻。在我们这个时代，纳粹要消灭欧洲所有犹太人的企图被认真执行，而且在一个令人震惊的程度上取得了成功。残障者和老年人也已经成为要消灭的对象，但更常见的是，他们已经单纯地被边缘化，从公共空间被移除。（许多城市过去都有"令人不愉快的法律"，禁止残障者或外表上让人不悦的人出现在公共场合。[①]）自由性取向者被迫过着与世隔绝的生活，在公开场合只展示自己符合占支配地位的群体之规范的那些方面。在很多情况下，投射的厌恶会让人隐藏或退缩。

在其他情况下，占支配地位的群体发觉令人厌恶的群体是有用的，所以他们不想完全摆脱它的存在。继而，精心设计的仪式发展到警察互动与防止污染。美国人对待非裔美国人的方式及男性对待女性的方式都属于这种类型：他们总是被看到做着有用的工作，但各方面的安排却会防止被污染。人们或多或少地逐步相信，通过避免X、Y和Z，他们真正避免了汗液、粪便、精液和鼻涕。

被赋予道德内涵的厌恶又是怎样的呢？人们对他们认为不道德的事物感到厌恶，这是一种常见的现象。在其中一些案例中，厌恶有两个我们至少可以尝试将其分隔开来的组成部分。因此，许多人认为同性之间的性行为是不道德的，但却没有感到厌恶，而许多人认为同性恋者之间的性行为是"恶心的"，但却没有诉诸特定的道德论证。有些人对非裔美国人的身体感到厌恶，也赞同认为非裔美国人往往是

①   参见Susan M. Schweik, *The Ugly Laws: Disability in Public*（New York, NYU Press, 2010）。芝加哥以往有过这样的法律，我以前一个有严重的神经障碍的同事（这个国家在宪法领域最杰出的年轻学者之一）曾经指出，根据那些法律，他不被允许出现在公共场合。

罪犯的观点；但同样，这两种因素经常是彼此分离的。更令人费解的是这样的情况，即厌恶本身似乎直接针对不道德的行为：我们可以对政客的腐败、可怕的罪行或种族主义和性别歧视本身感到厌恶。这种现象一直困扰着研究人员，也让我困惑。对此，我在其他著作中已经进行了详细讨论。[①]故而，让我总结一下。

在其中一些案例中，人们只是不精确地使用词汇：当他们说"这些政客让我恶心"时，他们实际上是在表达抗议或者愤怒，他们的情绪可能不是厌恶。在某些情况下，它的确是厌恶，但更仔细地审视就会发现，其意念集中在典型的令人感到厌恶的想法上：罪犯的血腥行为被生动地想象出来；政客们被想象成蟑螂或老鼠。在其他情况下，只要情感是厌恶而不是愤怒，它的核心仍然是一种关乎纯洁和肮脏的一般观念，而那个人正表达一种不被那些肮脏的人污染的愿望，一种要去一个更纯洁的地方的愿望。在我看来，这些情况并不表明厌恶具有社会建构意义，因为感到厌恶者想做的事情是逃离，而不是去解决问题。（我有时会想象移居芬兰，一个我非常熟悉但不会过分熟悉的国家，因此把它想象成一片有着蓝色清澈湖泊和社会民主纯洁的土地。）就法律而言，厌恶也不可靠，因此，陪审员通常对提到血及从伤口流出来的血感到厌恶，但谋杀可能特别可怕且不涉及这样的感官特征——想象一下，在银行抢劫案中一名警卫被谋杀。因此，我反对一些学者的说法，即在这些案件中，厌恶在政治上是有成效的与可靠的。但我承认，其中有些案子与从属的意愿无关。

厌恶与我们所害怕的

在原初的厌恶中，恐惧居于核心地位，使我们远离让人惊恐与（经常）威胁我们的东西。由于原初的厌恶并不足以使我们远离我们所害怕的东西，恐惧就设计出

---

① 《逃避人性》第二章。

投射性厌恶作为一种更进一步的保护机制，威胁着平等和相互尊重。但由于恐惧影响广泛，产生了许多不同的厌恶成见，我们需要理解这些社会构造的无限可塑性，以便将注意力集中到那些与我们自身的政治时刻最密切相关的社会要素上。尽管我们可以关注多种排斥类型，但我认为如今似乎特别严重的类型是：针对男同性恋者、女同性恋者，以及变性者的身体的厌恶。（对女性在我们社会中的存在与成功的充满仇恨的复杂反应，涉及厌恶、愤怒/责备和嫉妒的有害混合，因此，我将分别讨论它们。）

让我简单地谈谈本章不涉及的内容。助长以残障和年龄为由的歧视的厌恶是一种严重的社会邪恶，但我刚在合编的著作《在深思熟虑中逐渐老去》[①]当中已经予以关注，因此我将把它放在一边。无论如何，它似乎并不是我们目前的讨论所涉及的问题：我担心，年龄方面的歧视具有很强的普遍性，而且跨越了党派界限。

接下来，让我们通过把重点放在我考察的两个案例上来检验分析结果。它们帮助我们看到，厌恶的伤害如何能够借助教育和法律而被抑制。

在离我们最近的还没有完全消失的种族隔离时代，非裔美国人的躯体被充满歧视的误解，饮水机、午餐台、游泳池、旅馆的床——这些东西都不能被共享。我已乐观地使用了过去时态。然而，2017年8月，在夏洛茨维尔的白人至上主义的游行者向我们表明，这些丑陋的幻想依然存在。

但这种焦虑究竟是怎么一回事呢？在某种程度上，这种厌恶反映了对动物性及所有形式的厌恶性耻辱的焦虑。尽管如此，每一种投射性厌恶的构成都有其自身的特点，而我们通过两种对比也能更清楚地理解我们的特征。

印度人对"不可触摸者"的态度，过去有着（令人忧伤的是，由于30%的印度

---

① Martha C. Nussbaum and Saul Levmore, *Aging Thoughtfully: Conversations About Retirement, Romance, Wrinkles and Regret* (New York, Oxford University Press, 2017).

家庭仍然遵循不可触摸制[1]，因此他们如今仍然经常共享着）许多与我们自身在种族问题上的厌恶相同的论题。其中，包括拒绝共享饮用水和食物、游泳池、旅馆的床，以及避免更普遍的身体接触。比姆拉奥·拉姆吉·安贝德卡尔是印度宪法的主要设计师，也是现代最著名的法律人士之一，他告诉我们，他是作为贱民[2]（以前被称为"不可触摸者"）的孩子成长起来的，他富有且衣食无忧——因为他的父亲为英国军队效劳，在许多方面存在种族主义但却没有遵循种姓制度。在学校里，他不能喝普通水龙头里的水（生活在印度一个温度经常达到115华氏度[3]的地区），也不能坐在其他孩子坐过的垫子上。当他和他的姐妹们一起旅行时，穿着昂贵的、整洁且被浆洗过的衣服，身上带着大量的现金，但他却找不到任何一家旅馆愿意收留他们。

　　所有这一切听起来就像种族隔离的南部的情况，在那里，即使是富裕且成功的黑人棒球选手，也无法在"白人"酒店停留，这一直持续到20世纪50年代中期。[4]

　　但也有不同之处。这里有一个怪异的区别，该区别只是用来说明整个厌恶系统是多么不合理。非裔美国人经常在白人家庭中烹饪与提供食物。然而，贱民甚至不能进入印度上层种姓家庭的厨房，而接触食物是耻辱的核心所在。[5]然而，还有一个更怪异的地方：在种族隔离的南部，黑人吃光了食物的盘子常常被打碎，目的是他们不能再用了。在自传中，棒球名将汉克·艾伦描述了这种常见的做法，他说："如

---

① 贱民制度。——译者注
② dalit一译为"达利特人"，是传统印度种姓制度中地位最低、最弱势的人。——译者注
③ 高于46℃。——译者注
④ 参见Hank Aaron, *I Had a Hammer: The Hank Aaron Story*（New York, Harper, 1991）。
⑤ 因此，在印度哲学家拉宾德拉纳特·泰戈尔非常精彩的小说《戈拉》（1910年）中，男主人公拒绝吃在他母亲厨房里做的食物，因为她雇佣了一个基督徒妇女做饭。（基督徒以前通常是从较低种姓转换过来的人，所以也存在这个问题。）他幻想回归到纯粹的上等种姓的印度教，以此作为要捍卫印度的方式。然而，书名说明了问题：在小说的前面部分，我们知道戈拉的名字意思是"白脸人"，事实上，他是一个在1857年反英国军队的叛乱中死去的爱尔兰妇女的孩子；戈拉的母亲出于同情收养了这个孩子。因此，戈拉永远不可能成为印度教上等种姓的一员，种姓是通过出生而延承下来的。他对自己出身的痛苦发现，促使他进行反省，最终转变观念：印度的未来就在于，接受所有人的平等人性。

果狗吃光了盘子里的食物，他们就会把盘子洗干净。"因此，美国南部在食物方面有令人费解且极为怪诞的做法：黑人可以为白人烹饪与提供食物，但他们却被认为污染了他们自己使用的盘子。

上述两者之间还有一个大的、更深远的区别：印度贱民被认为是可悲的、虚弱的和低下的；他们没有被看作是令人畏惧的性掠夺者——他们渴求与种姓等级更高的女性发生性关系。避免性接触与整个制度是一致的，但是被男性贱民强奸并不是一种对上层等级观念想象的最关键的恐惧。

这与非裔美国男性不同。老老实实地回顾一下我们20世纪50年代关于学校整合的激烈辩论，就会发现，对黑人男性与白人女性之性接触的恐惧，恰恰是不愿意整合学校的核心问题。在新近的一篇重要文章中，我的同事贾斯汀·德莱尔，一位宪法领域的一流学者，已经努力不懈地收集所有与此相关的证据。这些证据表明，即便像德怀特·艾森豪威尔这样一个看上去温和的领导者在这个问题上也很害怕。[1] 艾森豪威尔私底下对首席大法官厄尔·沃伦谈到他的看法，继而影响了"布朗诉教育局案"的判决结果，他恳求沃伦看到奉行种族隔离主义的南方各州的白人"不是坏人。他们所关心的只是看到他们可爱的小女孩们在学校里不被要求与一些黑人坐在一起"。[2]黑人危险的想法，贯穿了我们所有令人担心的辩论——我将论证，这些相同的形象如今有很大影响，尽管在很多情况下它们已经转入地下，但仍增强了心理学家所谓的"内隐偏见"的说服力——这是经验测试中显示出来的偏见，尽管有偏见的人并没有意识到自己有这样的偏见。[3]因此，厌恶和恐惧以一种"独特的"方式结合在一起，而且与印度形成厌恶的方式完全不同。棒球名将唐·纽康比讲述

---

[1]   Justin Driver, "Of Big Black Bucks and Golden-Haired Little Girls: How Fear of Miscegenation Informed *Brown v. Board of Education* and Its Resistance," 收入即将出版的《厌恶的帝国》。

[2]   Bernard Schwartz, *Super Chief: Earl Warren and His Supreme Court* (New York, New York University Press, 1983)，113，转引自德莱尔的作品，64页。

[3]   目前已有很多关于内隐偏见的文献，而且在经验层面也非常有说服力。对此所作的较好综述可参见 Mahzarin R. Banaji and Anthony G. Greenwald, *Blindspot: Hidden Biases of Good People* (New York, Random House, 2013)。

了一家只有白人的旅馆在1954年允许黑人球员留下的故事，只要他们承诺不使用游泳池，不靠近衣着暴露的白人女性——而且他们被分配到背对泳池的房间！^①70年后，这些想法并没有消失。

现在让我们考虑一下犹太人。与非裔美国人一样，（我父亲在许多场合反复向我提起）犹太人抽又大又长的雪茄，这种比喻用法强化了犹太人讲求感官愉悦的形象。^②（美国反犹太主义有类似的主题。如今，这些言论也很少被提及，尽管右翼人士公然这么做。）然而，反犹太主义的厌恶与同时代的种族主义厌恶在两个方面有很大不同。因此，偏执者所担心的东西有着微妙差别：在前一种情况下，银行家巧妙的阴谋占了上风；而在后一种情况下，他们主要担心强奸和谋杀。这构成了偏见的范围。因此，我的父亲强烈反对我公开出现在一个种族混合的群体中——显然，他的理由是，看到这样一个群体的人会有性亲密的嫌疑。（他显然想象着人们也正在思考的问题，在那里，一个黑人还会做什么事情呢？）但他对我与犹太人交往并无类似的恐惧，只要我不打算（像我后来所做的那样）与他们结婚，也许这是因为他知道人们会从这样一种结合中推断出各种各样与知识和职业相关的目的。共同的线索贯穿于各种形式的事实是意味深长的，但这并不能减轻我们要仔细研究自己所处的时刻与自身的病态的责任。

这些比较告诉我们，当考虑犹太人问题时，只要我们在这个时代仍苦苦地与反犹太主义作斗争，就需要提防对犹太人的种种错误的想象。当考虑非裔美国人问题时，我们需要提防把黑人描绘成不当的形象。我们还需要提防这样一种观点，即黑人儿童没有能力学习，或不会去学习，甚至更糟糕的是，他们将不可避免地倾向于去犯罪而不是接受教育。（汉克·艾伦不无辛酸地指出，记者们通常把他寡言

---

① 纽康比，引自Hank Aaron, *I Had a Hammer: The Hank Aaron Story*（New York, Harper, 1991），124。

② 参见我的 "Jewish Men, Jewish Lawyers: Roth's 'Eli, the Fanatic' and the Question of Jewish Masculinity in American Law," in Saul Levmore and Martha C. Nussbaum, eds., *American Guy: Masculinity in American Law and Literature*（New York, Oxford University Press, 2014）, 165–201。

少语和害羞的举止看作是"笨拙的有色人种男孩"。在见到他之前，他们就知道自己将要写的故事。①）强有力的心理学证据表明，大多数美国人的心中依然埋藏着偏见，因此，即使我们坚信我们不是种族主义者，但我们仍必须朝相反的方向加倍努力。

因此，当决定学校预算、校车接送制度，以及如何改善被评定为不及格的市中心贫民区学校时，白人、亚裔美国人和拉美裔人迫切需要努力消除他们自己可能存在的内隐偏见（当然，一些黑人可能也有同样的偏见），并假定所有儿童在体面的环境下都有相似的学习能力和成就，做出额外的努力来为黑人儿童提供这种环境，强调在整个教育过程中他们未来的机会和可能性。芝加哥市长拉姆·伊曼纽尔最近已经提出，芝加哥可能采纳一项针对每个学生之未来的计划，以此作为高中毕业的要求，该计划是与教师和指导顾问协商制定的。孩子们需要知道他们有什么样的就业机会；他们需要知道社区大学是免费的，参加一所社区大学可以开启多种未来可能性。显然，有特权的孩子已经掌握了这些信息，但要求制定一个计划是为了确保教师和指导顾问不会受内隐偏见所引导，造成他们在假设非裔美国人不希望获得成就或工作的前提下偷工减料。

在刑事司法正义中，关于偏见的历史给出强烈的警告。了解到警察和平民都有可能潜在地存在着错误认识黑人男子的问题（难以排除黑人警察也可能带有内隐偏见），我们应该支持对警察进行培训，让他们学习那些显示高水平内隐偏见的研究成果，而且我们应该敦促他们测试自己是否存在这种偏见。正如耶鲁大学法学院在刑事司法领域的一流学者汤姆·泰勒和翠丝·米尔蕾丝一直论证的那样，培训也应该把重点放在程序正义方面。严格的程序规则有助于消除偏见和成见。汉克·艾伦说，他通过打出比任何人都要多的全垒打来应对裁判员的种族偏见问题——对此，

---

① Hank Aaron, *I Had a Hammer: The Hank Aaron Story* (New York, Harper, 1991), 153–154.

他已经观察了很长时间——这样就不用把"我的命运交到裁判手上"。[1]但不那么卓越的普通人无法总是击出全垒打：他们必须依靠"正义"，正如艾伦所说的那样。我们最好努力让那种正义变得更加真实公正。法律已经做了很多工作来抑制耻辱：取消学校隔离，使住房和就业方面的种族歧视变为不合法的，以及整合公共设施。由于许多社区和许多公立学校实际上存在隔离，因此，在关乎融合的重要事务上还有更多工作要做。哲学家伊丽莎白·安德森在她的重要著作《融合的迫切性》中令人信服地指出，只有在学校和住房方面实现融合才能真正消除成见。[2]我的分析支持她的观点：对他人的幻想助长厌恶，分享共同的日常生活是探究这些幻想的最好方法。[3]

现在让我们转而谈谈男同性恋、女同性恋和变性者。在这里，存在一条与身体相关之厌恶的线索贯穿于反对平等权利的政治宣传当中，这与投射性厌恶的其他例子有着鲜明的相似之处。1994年，在后来成为具有里程碑意义的最高法院案件——罗姆尔诉伊文思案[4]的对席审判（法官审判）期间，就是第二修正案——该修正案已然否定男同性恋者和女同性恋者具有从当地反歧视条例中寻求保护的权利——全民公决的主要支持者威尔·珀金斯出庭做证的那一天，我出席了丹佛法庭的审判。他承认，为支持全民公决，他已经派发了丑化男同性恋者的小册子。15年后，在撰写关于宪法和同性权利的文章时，我研究了21世纪初由同性恋民权反对者散发的小册子，并且发现几乎没有发生什么变化。

卡麦伦把国外旅游的想法作为污染源加进了体液和肮脏的环境的经典提法中，当然，这个想法引起了许多美国人的共鸣。

---

① Hank Aaron, *I Had a Hammer: The Hank Aaron Story*（New York, Harper, 1991）, 145.

② Elizabeth S. Anderson, *The Imperative of Integration*（Princeton, Princeton University Press, 2010）.

③ 该领域的一个非常重要的研究是Glenn Loury, *The Anatomy of Racial Inequality*（Cambridge, MA, Harvard University Press, 2002）。

④ 在罗姆尔起诉伊文思这起著名的案件中，否认当地社区有权通过法律保护男同性恋者和女同性恋者免受歧视的科罗拉多州第二修正案，被判定为违背宪法。

好了，现在让我们往后退一步，分析一下这一特定的投射性厌恶案例。第一，它的目的并不是要实现设施的完全分离，原因很明显，只要不曝光就不可能实施监督。第二，厌恶感的形成与对严格意义上的同性行为的普遍反感没有什么关联，因为按照标准，女性在厌恶性宣传中被忽略了，而两个女性之间的性行为是面向异性恋男性的色情作品中令人兴奋的主要内容。（在英国，两个女性之间的性行为从来都不是非法的。在美国，这是常有的事，但公平地说，仇恨文学使得这种选择不那么被人重视。）显然，这种宣传也不是为了防止男同性恋者与女性发生性关系并与之结婚。事实上，这将是反同性恋运动的一个"好"结果。宣传将男同性恋者描述为贪婪的与性狂热的，但并没有对我们"可爱的小女孩"构成威胁。的确，偏执者希望他们对那些女孩更感兴趣，而尽管性取向的"转化疗法"声名狼藉，但它却一直吸引着一些人的支持。然而，同性恋男性确实被视为潜在的掠夺者——对异性恋男性而言，就像在美国关于军队中共享淋浴的令人焦虑的辩论所显示的那样。对男同性恋者的凝视被认为是一种极大的威胁。

人们有时会听到另外一种焦虑：同性恋结婚后，会以某种方式"玷污"或"败坏"住在隔壁的异性恋者的婚姻。可是，如果不考虑成见和污染的非理性观念，就无法理解这种观念。（这不可能是一个前后一致的道德观念，因为表达这种观念的人满足于允许罪犯甚至虐待儿童者结婚的法律。）

这到底是怎么一回事呢？当然，人们可能在个人方面会从道德上反对同性接触或同性婚姻；他们会避免这种接触和这种婚姻，并劝说他们的子女加入与他们信仰相同的宗教团体。那就是人们通常处理他们在道德上对其他类型的不道德——如金融腐败或未能履行财政义务——的方式。这种道德上的反对，并不能解释已经讨论过的、与性取向和性别身份相伴随的焦虑和厌恶。许多犹太人和基督徒不赞成相异宗教信仰的信徒之间通婚，他们劝告自己的孩子要反对这种做法。但这里不存在厌恶——除非之前有反犹主义或种族主义的厌恶。那么，为什么同性婚姻会引起反感呢？因为以男同性恋者，更广泛地以LGBT①为对象的投射性厌恶，似乎在一定程度上是对体液和性的普遍厌恶、焦虑。在某种程度上，这种厌恶也是对"新"事物、不可思议的非常规事物的焦虑。在动荡且道德和文化发生变革的时代，人们需要划清界限，需要摒弃任何与以前所接受的模式不同的东西。

如今，当男同性恋者和女同性恋者在我国到处都过着充实高效的生活，当他们通过纯粹的及有建设性的各种各样的社区工作来消除人们的厌恶时，一种新的厌恶焦虑的对象已经变得越来越突出：想使用他们所选择的性别的卫生间的变性人。要深入研究这些现象中投射性厌恶如何体现的问题仍为时过早，但卫生间是他们的焦点无疑是意味深长的。这些焦虑毫无意义的事实是一个好迹象，表明它们来自其他更深层的地方。为什么我认为它们没有意义呢？因为一个长得像女性的人不会因为进入女性的房间而让人感到不高兴，她看起来就像她们一样，这是她的意图和承诺。但情况是，一个看起来完全像一个男人的人在女性的房间里会让女性感到焦虑，而反对变性的活动人士想通过法律加以规导的正是这种情况，即一个从女性转变为男性的人将被要求使用女性的房间。

因此，这种情况类似于已经讨论过的反同性恋的敌意：它涉及对变化的恐惧、对强化传统界限的渴望，以及生理上摆脱脆弱——这要么是一个关于投射性厌恶的例子，要么与之很接近。它与宗教甚至道德上的反对是完全不同的。

我列举的三种情况都涉及厌恶，但并不是人们试图远离鼻涕虫或蟑螂的那种简单类型的厌恶。在这些案例中，由于潜藏着助长了厌恶的（对躯体、动物性与变化本身）恐惧，厌恶变得危险，导致人们反对平等的公民权利，甚或是引向与偏见相关的犯罪。

---

① LGBT是一个缩略词，由女同性恋者（Lesbians）、男同性恋者（Gays）、双性恋者（Bisexuals）与跨性别者（Transgender）的英文首字母组成。——译者注

为什么现在存在厌恶?

是仇恨性犯罪真的增加了吗? 抑或只是更多的仇恨性犯罪正在被报道, 不管是哪一种情况, 人们都对这个社会问题有新的认识。在某种程度上, 这种更大的担忧可能是由新近具有影响力的右翼分子发出的信号所引起的, 他们对偏见持放任的态度, 甚至根本不认为它是一种偏见。一直被小心翼翼地隐藏起来的被贬低的刻板形象, 于2017年在夏洛茨维尔大街上毫不掩饰地被展示出来。在某种程度上, 可能存在一种微妙的不同解释。研究针对男同性恋者与女同性恋者的暴力行为时, 盖瑞·大卫·康斯托克发现, 就那些通常试图采取行动与制造麻烦的醉酒青年而言, 选择目标的原因并不是根深蒂固的仇恨, 而只是认为警察并不关心这些人, 因此可以不受惩罚地攻击他们。[①]因此, 右翼势力的影响可能会稍微以不同的方式发挥作用, 向潜在的侵略者发出一个放松对弱势群体公共保护的信号。他们反对那些攻击他人却能免受惩罚的人。因此, 我们对内隐偏见、同伴压力和 "级联" 的认识表明, 仇恨是容易发生变化的。大多数参与仇恨性游行甚至仇恨性犯罪的人, 都没有对这种行动作出终身承诺; 他们可以选择任何一种方式, 可以通过表示允许和赞同等迹象而变得 "极端化"。无论如何, 我们现在有大量的证据证明, 偏见性犯罪是社会的大问题, 而且我们所谓的 "后种族主义" 时代尚未到来。

然而, 我把关于厌恶的描述与对黏附性和脆弱性的恐惧关联起来, 这种描述体现了对偏见激增的另一种诊断。当人们感到很不安全的时候, 会猛烈地指责脆弱的人, 并把他们作为替罪羊。我们现在可以补充说, 他们把厌恶向外投射的倾向, 很可能会上升至他们自身对身体脆弱性与死亡感知的高度。厌恶总是特定的, 与特定的恐惧想法结合在一起。但对关乎恐惧且由一系列特定的恐惧所助长

---

① Gary David Comstock, *Violence Against Lesbians and Gay Men* (New York, Columbia University Press, reprint ed. 1995) .

的厌恶的洞察，使接下来的观点变得可信，即在普遍不安全的情况下，对厌恶群体的需求与厌恶–耻辱的强烈程度将会上升，其他因素也一样。意识到这种现象，我们就应该加倍努力，仔细检审我们的政治，找出隐藏的与没有隐藏得那么深的偏见。

怎样理解积极对抗厌恶和耻辱的努力呢？沃尔特·惠特曼的提议——我们应该颂扬我们自己的身体，并由此而颂扬其他男人和女人"与之相类似的躯体"——是乌托邦式的。它是否暗示了民主要遵循的谋略？显然，反对厌恶的斗争必须首先从家庭、学校及更普遍的儿童培养过程开始。要实现学校融合还要走很长一段路，这种融合横贯所有存在问题的简化差异，帮助人们将不同的躯体看作是非怪物的和完全具备人类特性的——但唯有当学校和教师监测欺凌行为并培养包容与尊重的氛围时，才能做到这一点。我已经提出建议，在种族问题上，在住房和学校方面实现真正融合是当务之急。男同性恋者、女同性恋者和变性儿童可以出现在任何家庭中的事实，意味着融合的任务没有那么复杂。从根本上说，这需要鼓励年轻人向家人和同学"公开其身份"，如此多的人已经这样做的事实无疑是与年龄密切相关的广泛社会变化——在诸如同性婚姻和卫生间等问题上，我们已看到这种变化——的一大部分。

但是，儿童在上学时并非没有受到偏见的伤害，消除相互欺凌与侮辱儿童的努力是一切成功的融合计划的重要组成部分。目前的互联网和社交媒体带来了许多危险，这是因为，人们可以很容易接触到仇恨性团体或避开接触到更积极的信息。幸运的是，电视和电影提供了更好的可能性。喜剧是一种特别有价值的反厌恶的题材，因为自阿里斯托芬以来，喜剧一直寻求一种关乎与身体和解的议程。如果你能对身体所做的那些可笑的事情付之一笑，那么，你将不再以焦虑的态度看待少数人的躯体了。

因此，那些认为自己不认识任何男同性恋者或女同性恋者的人，实质上可以成为威尔、格瑞斯、凯伦和杰克①的朋友，认识到男同性恋者追求不同的道路，他们可以成为女性的好朋友（经常是比异性恋的男性更好的朋友），而且他们的目的并非使社会分崩离析。（即便是追求快乐的杰克也爱他的儿子。）那些观看《现代家庭》②的人可以认识到这样的事实，即家庭是多元化的，同性伴侣对孩子的关心，爱、坚韧和幽默比他们被圈定的传统或非传统本性更重要。在我们社会进化的这一阶段，种族需要悲剧和喜剧，而大多数高质量的节目并不像《考斯比一家》③那样矫揉造作地千篇一律，而是在悲剧和喜剧之间游走：《火线》④《女子监狱》，以及诸如奥斯卡获奖作品《月光》等特色影片，它们都同时呈现了我们两种类型的排斥。到目前为止，好莱坞在性取向方面所做的工作要比种族问题好得多，事情至少已经开始发生改变了。

当我们了解艺术和人文学科在跨学科地将人们团结在一起的过程中所扮演的角色常常被社交媒体搞得更加糟糕时，考虑削减对它们的联邦资助就似乎是不合情理的。真是的，这就是问题的核心，这样的大众传媒会把我们与自身联系在一起。

---

① 一部肥皂剧中的角色。——译者注
② 一译为《摩登家庭》。——译者注
③ 一译为《考斯比秀》。——译者注
④ 一译为《线人》或《监听风云》。——译者注

第五章

嫉妒的帝国

到目前为止，我们已经看到了最初的恐惧如何与后来发展起来的两种情绪——愤怒和厌恶——相互作用。恐惧往往操控着愤慨与抗议的感觉，把它变成一种恶毒的报复欲望。恐惧向死亡及其化身中添加厌恶式的恶心，形成排斥与从属的策略。现在，我们必须往有毒的混合物中加入另一种情感——嫉妒。在我国，嫉妒是普遍存在的。

自现代国家出现以来，嫉妒就一直威胁着它们。在君主专制特别是封建制度下，人的可能性已被设定，他们或许很容易相信命运或神圣的正义已经把他们放在了他们所处的位置上。然而，一个刻意避免秩序和命运固化而偏好流动与竞争的社会，却向针对他人竞争性成就的嫉妒敞开了大门。如果嫉妒足够普遍的话，它最终会威胁到政治稳定——尤其是当一个社会已经承诺保障所有人的"生活、自由及对幸福的追求"的时候。嫉妒认为，只有一些人在享受生活的美好。嫉妒者憎恨那些人，想毁掉他们的幸福。

我们在右翼和左翼身上都看到了嫉妒。在右翼，一种停滞、无助甚至是绝望的感觉，驱使许多中下阶层的人嫉妒地诋毁华盛顿的主流媒体、成功的少数人，以及抢走"他们的工作"的女性。人们对那些自认为是羞辱、取代或忽视他们的人怀有恶意。在左翼，许多穷人嫉妒银行家、大企业以及支持这些利益的政治人士的权力。嫉妒并不是简单的批评（批评总是有价值的），因为它涉及敌意和破坏性的愿望：它想要破坏"拥有者"的愉悦。

与此同时，我认为即便嫉妒的动机是正当的，它仍然存在问题。在目前的许多案例中，难以找出正义在哪里。白人工人阶层的不满肯定是有道理的，就像左派要求更大的经济正义一样。但要指出，"这是一个我们需要解决的问题，而你应该与我们一道想出一个更好的方法"。希望占支配地位的群体遭殃，并想破坏他们的幸福，这完全是另一回事。就像愤怒中的报复因素一样——同时也与之密切相关，嫉妒的敌意对民主而言是一件坏事，即使被嫉妒者没有权利享受他们所享受的一切好东西。嫉妒导致社会合作成为一种零和游戏：为了让我享受美好的生活，我必须让你不快乐。这种思维方式与兄弟姐妹之间的嫉妒相似，而且很有可能是植根其中：嫉妒的兄弟姐妹并不仅仅想要得到爱和关注，还想取代另一个兄弟姐妹，从而使其得不到爱和关注，就像对林-曼努尔·米兰达的《汉密尔顿》中的阿伦·伯尔而言，要把他自己关在"它所发生的房间"里就要求驱逐他的对手一样。即使兄弟姐妹的父母（或伯尔的准父母，乔治·华盛顿）给予敌对的兄弟姐妹（汉密尔顿）过多的关注是不公平的，但把痛苦和失败当作自己成功的条件，总是不光彩的。但很难从中吸取教训，因为民主在某种程度上不同于家庭，它本质上具有竞争性。难道它能安排没有嫉妒的竞争吗？

界定嫉妒

那什么是嫉妒呢？跟往常一样，哲学家们通常会追问定义，而这种对清晰性的寻求被证明是有用的，引导我们找到这个潜在的政治问题的根源。人们在不同的时间和地点说不同的话——但存在一种关乎共识的共同核心。

嫉妒是一种令人痛苦的情感，它关注他人的优点，认为自己的处境不如他们的处境。这涉及竞争对手（这可能是一个集团）和嫉妒者认为非常重要的东西。嫉妒者感到痛苦，因为竞争对手有他们没有的那些好东西。嫉妒通常包括对幸运的对手的敌意：嫉妒者想要竞争对手所拥有的东西，并因此对对手产生敌意。嫉妒由此在社会的中心地带制造出敌意和对立，这种敌意最终可能阻止社会实现它的某些目标。

现在我们要把嫉妒和它的三个近亲区别开来。一个近亲是仿效。仿效也涉及对他人优势的关注，同时涉及一些重要的问题。但仿效者并没有恶意：他们把那些人看作是优秀的榜样。他们不想从那些人身上夺走任何东西；他们只是想让自己向被仿效者靠拢。这当中有什么区别呢？两者似乎相互关联。仿效者认为，他们确实可以更接近目标。例如，通过听从一位敬爱的老师的建议，他们就会变得更像那位老师。此外，非常重要的是，仿效聚焦于那些不完全属于零和竞争的成就。学生之所以认为他们可以与他们的老师更接近，是因为他们相信很多人都可以拥有知识，老师的知识并不会对他们构成威胁，而是实际上能帮助他们。或许，考虑一下仁慈问题。因为你的朋友是如此善良而嫉妒她，是一件让人奇怪的事情。事实就是这样！靠你自己努力！当我们认为人们可以通过努力而达到目的时，这更像是仿效而非嫉妒。

嫉妒与此不同。它的恶意通常来自一种无能为力的感觉。我接下来会把这种感觉与原初的恐惧联系起来。没有明显的方法可以得到对手所拥有的东西，嫉妒者觉得自己注定要低人一等——他们经历这种状况。此外，这种在劫难逃的感觉常常与这样一个事实联系在一起，即有些事情并不对所有力图得到它们的人开放。受人欢迎、变得富有、在竞选中胜出——所有这些都是与竞争性的零和状态中的物品相关的例子：物品供给不足时，一个人的占有将威胁到另一个人的机会。

嫉妒的另一个近亲是妒忌。[①]起初，这两者看起来几乎是一样的，但实际上它们却有着重大区别。嫉妒和妒忌都在拥有或享受有价值的好处方面包含了对竞争对

---

① 　为了把jealousy与envy区分开来，文中把envy翻译为"嫉妒"，把jealousy翻译为"妒忌"。——译者注

手的敌意。然而，妒忌通常是害怕失去自己拥有的东西——通常是一种私人的爱的关系与关注。嫉妒中能感受到善的缺失，而妒忌则专注于它有价值但不稳定的存在。因为妒忌关注的是自己最珍惜的关系，所以它常常可以得到满足，就像当对手明显不再是求爱的竞争者，又或者他从来就不是真正的竞争对手那样。唯有病态的妒忌才会不断地制造新的、常常是想象中的对手，但妒忌并不总是病态的。

相反，嫉妒很少得到满足，因为嫉妒所关注的东西（地位、财富、名誉、其他有竞争力的物品）在所有社会中的分配都是不均衡的，没有人真正能够拥有比别人更多的东西。当缺乏安全感时，我们会觉得自己可能得不到我们为了活得更好而需要得到的东西。但嫉妒的特点是，幻想别人有好的东西，而我没有：我处在令人感到幸福的人际关系、工作和社交生活之外。

想想奥赛罗和伊阿古。奥赛罗是妒忌，一种病态的妒忌，终日在幻想苔丝德蒙娜的不忠，而大多数丈夫并不是这样的。但对于地位和成功，他并没有平常的不安全感，也不觉得自己得不到那些遥不可及的美好事物有什么。相比之下，伊阿古并不妒忌奥赛罗：他并不渴求奥赛罗的爱和关注。他想要的是成为奥赛罗，拥有奥赛罗所拥有的美好事物：名誉、成就、爱。他知道他没有那些东西，所以他想破坏奥赛罗的幸福，使他失去爱，变得低贱、痛苦。

最后，也许这三者中最难区分的是，嫉妒是那种基于相信地位受到了伤害而产生的愤怒的近亲。嫉妒确实关注地位：对手拥有好的东西，而我却没有。就像愤怒一样，它伴随着对对手的敌视。其主要的区别在于，与地位相关的愤怒要求相信某种明显的侮辱或冒犯已经发生了；相反，嫉妒仅从对手的幸福那里得到满足，对手可能并没有侮辱嫉妒者，甚至可能根本没有意识到嫉妒者的存在。这种区别很重要，但在任何特定的情况下都很难做出区分，因为嫉妒者喜欢想象侮辱与责怪幸福的人，即使责备是没有道理的。更微妙的是，他们可能通过责怪（竞争对手在其中享有特权）社会等级（不管这种结构是否事实上是不公平或降低身份的）来谴责对手。再说一遍：批评总是正当的，但嫉妒并不单纯是批评，它是破坏性的敌意。

嫉妒在恐惧中的根基

我已经指出，嫉妒是不安全感的产物。其实，恐惧是它的根基：害怕得不到自己迫切需要的东西。如果我们是完整的，我们将不需要任何东西，因此我们也就不会心生嫉妒。或者说，即便我们是不完整的，我们仍相信自己有能力获取我们所需要的东西。既然如此，那么别人拥有好东西的事实对我们而言也将不会是一个情绪化的问题。故此，我们需要思考不安全感和无助，以此来理解嫉妒的能量。

要把握将嫉妒与恐惧联系在一起的重要性，可以考虑一下一种关乎嫉妒的颇有影响力的观点，即伊曼努尔·康德的观点，这种观点并没有将两者联系起来。根据康德的看法，人类生活包含着"根本恶"——一种伤害他人的倾向，这种倾向不是从文化中学到的，而是我们人类处境本身的一部分。然而，问题是并非魔鬼在驱使我们，或者我们天生邪恶，我们在根本上是倾向于善的。现实在于，其他人妨碍了我们：

嫉妒、对权力的迷恋、贪得无厌，以及与这些性情相关的邪恶倾向，侵袭他的天性，只要他置身人类当中，这种天性就不难出现。也没有必要假设这些东西深陷邪恶当中，是把他引入歧途的原因；它们在那里，它们包围着他，它们是人类的特征，并且它们会相互腐化彼此的道德倾向，使彼此变得邪恶，这已经足够了。①

康德的论述在某些方面听起来是真实的：当人们组成团体或者家庭时，嫉妒确实看起来出现了。但这显然是不完整的。为什么会出现这种情况？为什么仅仅是因

---

① Kant, *Religion Within the Limits of Mere Reason*（1793），Cambridge Texts in the History of Philosophy, ed. and trans. Allen Wood and George di Giovanni（Cambridge, Cambridge University Press, 1999），Akademie 6.94.

为其他人的存在，就会导致竞争和敌对的行为？嫉妒总是出现在团体环境中吗？不可否认，一些情况使嫉妒的破坏性远比其他情况大得多。

在《正义论》中，约翰·罗尔斯对嫉妒进行了令人难忘的讨论，他回答了我的第二个问题。[①]他指出，在三种状况下，极有可能爆发具有社会破坏力的嫉妒。第一，存在一种心理状况，即人们不太确信"他们自己的价值及做任何值得做的事情的能力"。第二，存在一种社会条件，即当处于这种心理状况中的人感到痛苦与羞辱时，就会出现许多情况，因为社会生活条件使引起嫉妒的差异非常明显。第三，除了敌视以外，嫉妒者认为他们的处境并没有给自己提供富有建设性的选择。他们所能想象出来的唯一解脱就是给别人带来痛苦。

这是一个重要的分析，正如我们即将看到的那样，它让我们有机会深入理解当前的困境。然而，罗尔斯并没有回答我的第一个问题：究竟嫉妒的根基是什么？事实上，人们可以充满爱与相互合作，因此，认为单靠多元化就会导致嫉妒是不正确的。

再一次触碰到问题核心的哲学家是卢克莱修，他把导师伊壁鸠鲁的一般观点应用到罗马共和国的问题上，在他那个时代（大约公元前99—前55年），罗马共和国充斥与熔杂着毁灭性的嫉妒，并且在不久之后，它就崩溃了。这是卢克莱修所看到的周围情况：

> 出于相似的原因，源于那完全相同的恐惧，
>
> 嫉妒让他们变得衰弱；
>
> 看看这个男人，在他们眼前，是多么有力量，
>
> 当他获得某种卓越的荣耀时，每个人是怎样地凝视着他——
>
> 而他们自身（他们抱怨）却在黑暗和污秽当中滚打。

---

① John Rawls, *A Theory of Justice*（Cambridge, MA, Harvard University Press, 1971）, 532–537.

我认为，这段以诗歌形式展现的美妙的论述，把握了嫉妒所蕴含的独特的痛苦。嫉妒的人沉迷于他人的成功之处；看到他人成功的同时，他们把自身的不幸与他人作比较。嫉妒确实让你感到自身仿佛处于黑暗当中，同时也是肮脏的、被玷污的、放纵的。如果以这种方式看待你自己的确会让你内心变得衰弱不堪，或丧失自我。无助与强烈的痛苦相结合，使得嫉妒成为最糟糕的情感之一。

卢克莱修也告诉我们，为什么我们会如此经常地受这种丑陋的情感所支配：它全是由"那种完全一样的恐惧"所引起，即我一直提到的婴儿般的或者原初的恐惧。换句话说，正是由于存在一种深层的焦虑，一种根深蒂固的痛苦的不安全感，因此，人们才参与零和竞争并憎恨成功者。既然如此，（产生嫉妒的原因）并非纯粹是基于他人的存在，而是因为有某种更深层的东西，某种当我们在贫穷且无助的世界中出生时就让我们感到苦恼的东西。

正如我们所看到的那样，卢克莱修对原初的恐惧有一种独特的理解，而这种理解并不是完全正确的。他认为，这一切都跟死亡相关，它的力量依赖于不道德的宗教企业家，他们主要以来世的惩罚作为威胁，欺骗我们去相信死亡是可怕的。他认为，如果没有这种介入，那么人们虽然在许多方面缺乏安全感，但却不会如此容易动摇。我们有理由怀疑这种简化的论点。我们害怕各种各样的事情，因为我们在各个方面都是软弱与无力的。原初的恐惧是多个方面的，并且在生活的各个领域都有影响。当恐惧足够强大的时候，各种群体都容易成为嫉妒的熔炉。

卢克莱修可能是（西方）第一个探讨潜意识的理论家，他认为，原初的恐惧是在意识之下发挥作用的，它的"黑暗"玷污了一切。对痛苦的成年人而言，嫉妒在恐惧中的根源并不明显，但我们可以把因果链倒过来，看看它通常怎样产生——忧心忡忡地认为别人有好的东西，而我们却没有。

研究嫉妒问题的最优秀的心理分析理论家梅兰妮·克莱因也有类似的观点。她不断强调，唯有把握了自己婴儿时期的根源时，我们的成人世界才能被完全理解。

她把嫉妒描述为根植于一种最初的焦虑，即人与美好事物——营养、爱、令人喜悦的事物——分离。"早期的情感生活的特点是失去与重获美好事物的感觉"，正如我们所看到的那样，伴随这种满足和空虚的交替而产生的焦虑很快就变成了"迫害"，指责父母拒绝给予所有好的东西。嫉妒就是从这里插足进来。卢克莱修式的婴儿感受到失去与被抛弃的痛苦，形成了父母是幸福的与完整的观念，继而想破坏那种幸福。当克莱因说婴儿的幻想是把"不好的排泄物"放到父母那里，从而糟蹋与弄脏他们时，她可能有点极端，但如果这不是一个字面上的看法，那么，它肯定强有力地描述了一种当嫉妒某人时我们想要的东西。

由此，嫉妒开始了恶性循环。想要攻击与玷污快乐的事物——也是被爱的人——会导致罪恶感和不良的感觉，这使婴儿更加感觉到被投入到外部的黑暗中，远离爱的幸福与关注。

嫉妒也会变成责备。有时嫉妒者的想法是简单的："我真的想要那个人所拥有的东西。"但很容易从那个观点滑向一个相关的观点："我值得拥有那些东西，但他们不值得。"人们关乎政治的嫉妒有时只是坦率地说："我们想要他们（妇女、移民）所拥有的东西。"但人们喜欢把自己的嫉妒道德化，并且常常以这种方式展开，即认为这是纯粹嫉妒而一笔带过并发表意见："他们是坏人，他们不值得拥有他们所享有的"。这种回避的做法古而有之：古典学者罗伯特·卡斯特已经证明，罗马人的嫉妒有相同的两种形式，道德化的与非道德化的，并且他们不容易在这两者之间进行转换。①就这样嫉妒变成谴责政治。有时，"拥有者"确实做了一些不公平或侮辱人的事，但有时却没有。

当然，还存在第三种可能性：穷人可以对个人的错误行为或压迫他们的结构性不平等作出合理批评，并提出改进建议。这种精神就是我所说的"经转化的愤怒"，

---

① Robert A. Kaster, *Emotion, Restraint, and Community in Ancient Rome*（New York, Oxford University Press, 2005）, ch. 4, 84–103.

由于它对破坏权力者们的快乐并不感兴趣，但就像金所说的那样，反而会以一种富有建设性的精神寻求与他们合作，因此，它远离了嫉妒。

正如生活告诉我们的那样，也如同克莱因所说的那样，在个人生活中，嫉妒发挥作用的途径有多种——她的分析与罗尔斯的社会分析惊人地吻合。嫉妒永远不会完全消失。但是，假如不断成长的孩子开始对自己和自己获得生活中的美好事物有信心，如果她找到具建设性的替代方法来取代其破坏性的愿望——替代的方法包括慷慨、创造性和爱——她可能更容易克服嫉妒带来的痛苦。虽然嫉妒将依然是一种诱惑，但它不会毒害生命。克莱因关注家庭差异，忽视社会和政治维度。但显而易见的是——这也是罗尔斯的观点——政治共同体也可以做大量的事情，从而使得嫉妒尽可能成为一个不那么令人不安的问题。他们能让人们确立对自己及自身在生活中获得美好事物的信心。他们可以尽量减少对异常突出的刺激嫉妒的情况。他们可以给人们提供具有建设性的选择，包括慷慨和对他人的爱。

那么，到底是怎样做到这一点的呢？当我们面对社会中的嫉妒时，让我们稍微绕个弯，考察一下嫉妒在其间经常失控的社会机构。

行动方面的嫉妒：高中

一所典型的大规模的美国高中是一个名副其实的嫉妒大熔炉。我们都在那里待过，让我们回想一下那段不安的时光。青春期是生命中特别脆弱的时期。即将从家庭的呵护中分离出来并经历近乎第二次出生，被推入一个不确定且经常充满敌意的世界，面对这样的情境，如果青少年确实感到安全，那么他们是很怪异的。但不安全感是一回事，毁灭性的嫉妒则是另一回事。是什么使嫉妒在高中蔓延开来呢？首先，一个明显的事实是，高中的文化通常强调那些具有高度竞争性与凸显地位的成就，例如受欢迎程度、性吸引力和运动方面的技能。没有一个青少年真的对这些成就有信心，但更糟糕的是，总是有那么一撮受人欢迎的孩子似乎拥有所有好东西，而大多数人却没有。卢克莱修的语句很好地描述了被嫉妒所吞噬的可怕感觉，看着那些被注视的人、那些拥有所有权利的人，而外面的孩子却逐步看到自己在黑暗中摸索或在泥泞中挣扎。正如我们所知，这种嫉妒会产生真正的暴力。但即使在绝大多数没有出现暴力的情况下，它仍然产生痛苦的紧张、危险的沮丧与敌对的关系。

高中并不都是一样的。至少在一些高中那里，运动不那么重要，而学术成就更重要。但这也好不到哪里去，因为为了进入顶尖大学而形成的疯狂竞争会破坏有可能被称为学习乐趣的东西。十分普遍的情况是，孩子们都在为竞争优势而竞争，而且他们中的大多数都不会是班里的佼佼者。在我就读的女子学校里——这所学校位于富人聚居的郊区，我是一个糟糕的运动员，但是我在学业方面所向披靡。许多人没有通往成功的另一条途径；那些人讨厌学校，从不参加聚会。他们在黑暗中感受着声望和荣誉，憎恨学校和那些给他们带来痛苦的人。这是我所了解的：我努力说服他们中的一些人参加我们的第五十届同学会！因为请记住，能到那所学校上学的人已经是享有特权的少数人了，他们对职业和社会地位的期待可以得到满足。而大多数其他的高中则苦于应对比这要大得多的不安全感。

思考一下罗尔斯的三个标准，负责人能做些什么来减少在高中度过青春期时的痛苦呢？在家庭中，很久以前必须要做很多事情，但有一些我们的高中能够做的事情。首先，它们可以在学术工作及为大学做准备方面为每个人提供帮助。我很高兴看到我今天的学校有所不同：如今，它为有学习障碍者提供帮助，并采取一种普遍的态度，认为工作是为了最大限度地发挥每个人的潜力，而不是进行排名与获得奖励。而如果我们的社会能够在解决高等教育机会不均等的问题上做得更好，那么这将对普通学生更有帮助。对每一个人而言，大学里有足够的位置，然而，对许多人来说，金钱是可怕的障碍。如果每个人都觉得通过努力可以进入一所合适的大学，并负担得起其费用，那么，这能大大减少一种类型的零和竞争。

学校也可以鼓励发展其他领域，在这些领域当中，学生们可以在诸如戏剧、音乐和其他艺术方面有所成就。与运动相比较，这些领域具有较少零和性与更多合作性，这也有助于孩子们表达他们正在经历的情感焦虑。我最近参观了一所为有问题的青少年而开设的高中，这里的孩子已经被其他公立高中开除了。尽管这位令人印象深刻的校长的同情心和包括集体治疗在内的课程，对改变这些孩子有很大的帮助，让这些孩子相信有人正在倾听，但让我感到惊讶的是，学校根本没有开设艺术课程，甚至连诗歌也没有。在我的建议下，他们增加了创造性写作，而且我被告知这帮了大忙：孩子们现在有了一条发泄躁动情绪的渠道。而忽视戏剧和舞蹈似乎仍然是有问题的。在我自己的高中，我们当中的许多人从温暖与没有嫉妒的戏剧情感文化的运动中找到了慰藉，这成为了我的爱和我的家。

卢克莱修谈论的是他自己的社会，而罗马共和国当然可以比作一所大型高中。对位置的竞争就是一切。存在一个关乎荣誉的序列——荣誉序列（the cursus honorum），以至于每个成年男性都必须去追求成功，或者留在外部的黑暗中。每一个职位都有年龄条件，而你必须按顺序一步一步通过。不仅要按顺序获得职位——市政官、裁判官、执政官、总督——而且要在一旦符合资格的时候就早一些获得职位，这在声誉上是至关重要的。否则，失败的滋味会始终萦绕在你身边。那已经够糟糕了，但怎么才能得到晋升呢？通过选举，但如何做到这一点？通过财富、家庭荣誉、名誉以及基于人格魅力的竞选活动。没有什么比法律学位或博士学位更好的了，人们可以通过努力和付出来获得，从而显示出适合为社会服务。这真的就像高中一样，金钱和家庭发挥更大的作用，而体育运动的影响更小一些。一个像伟大的政治家马库斯·图留斯·西塞罗那样的人——出生于一个尽管富有但却平淡无奇的家庭，可以通过娴熟地为委托人辩护与赚取大量金钱的方式而声名显赫。然而并非没有巨大的压力，西塞罗的职业生涯充满了克莱因所说的"迫害式的焦虑"——他感觉到自身获得罗马生活中的美好事物的通途充满变数，感觉到其他来自显赫的古老家族的人在没有任何努力或区别的情况下都拥有"他的"地位。在他的信件和演讲中，西塞罗经常烦躁不安地提到他自己的"新人"身份，也就是说，来自一个没有令人敬仰的经历的家族。而他对对手和敌人刻骨铭心的仇恨，尽管有时有真正的政治理由，但它的侵略性至少有一部分是出于嫉妒，因为西塞罗非常明显地把注意力集中在他们的吸引力、他们的性征服、他们的受欢迎程度方面。

这种对有吸引力的竞争对手的嫉妒，有时会导致西塞罗采取不明智和超过必要限度的行动——比如他提议对喀提林阴谋中的头目实施不合法的法外杀戮，这对他的声誉造成了很大的损害。而他的嫉妒也常常导致其有所偏颇的自我表扬，这是一种对对手的防御。这种自恋倾向使他成了许多人的笑柄，降低了他的政治效能。谁会相信一个写了一首诗描述自己破解了喀提林阴谋并理所当然地把自己当作是英雄的人？这首诗中有一句时常被嘲笑的台词："哦，多么幸运的罗马啊，在我执政期间活了下来！"他如此渴望毁掉他的敌人，并宣扬他自己的优点，以至于他甚至没有注意到他在诗中添加进可怕的毫无诗意的顺口溜。

西塞罗是一个作出许多贡献的伟人。然而，他的精神生活却因"迫害式的侵略"而变幻不定，他无疑作出了巨大贡献，但这些贡献对国家的好处比它们或许可能产生的好处要小一些。西塞罗是一个具有说服力的案例，他基本上是在嫉妒中赢得了胜利并创造出许多好事。在罗马社会，同样的东西吞噬了这个爱国者，有时把他变成一个小丑，也助长了更糟糕的人——那些没有崇高的理想或良好的目标的人，那些把富有对抗性、充满嫉妒和具破坏力的官爵游戏作为唯一兴趣的人——获得权力。那（或多或少）是总是有很大缺陷的罗马共和国沦为暴政的方式。这是我们应该思考的一个例子。

嫉妒与民主：汉密尔顿和伯尔

现在，让我们回到我们自己国家创立之时，在那里，类似的问题是突出的。美国革命者热爱罗马共和国并近乎痴迷于它对暴政的反抗斗争。他们显然有着大量相同的问题。嫉妒和对荣誉、地位的破坏性竞争在我们共和国的早期无处不在，造成了真正的伤害。有些敌意表现为基于身份的愤怒，因为人们对各种形式的侮辱感到愤怒。有些敌意纯粹是嫉妒，而没有真正的理由去责备它。这两者很容易混淆在一起：充满嫉妒的人密切留意着一切公认的侮辱，这样他们就可以通过决斗予以反击。

然而，国家的创立者表现得比那些古罗马人略好一些。尽管生活在一个争夺荣誉和地位的文化中，但他们仍然与嫉妒作斗争，并在令人惊讶的程度上战胜它。这是因为他们对自己所创立的共和国的热爱战胜了破坏和仇恨。

正如我们所看到的，林-曼努尔·米兰达所刻画的汉密尔顿被基于地位的愤怒所占据，整天心事重重。这也显示出嫉妒在美国建国过程中的作用以及假如我们想要拥有一个成功的国家而遏制嫉妒之重要意义的关系。伯尔杀死汉密尔顿的那一场著名决斗是其悲剧的高潮，决斗的主题贯穿始终。在比较汉密尔顿（具有野心但却为整个国家谋福利）和伯尔（充满嫉妒，想破坏汉密尔顿的成功）的过程中，这部音乐剧展示了恐惧驱使的嫉妒之于民主政治的危险。

汉密尔顿实质上要对两种可能的政治生活方式作出抉择：爱与为新国家服务的生活，以及受恐惧驱动的嫉妒与零和竞争的生活。伯尔和汉密尔顿的形象代表了观众个人可能遵循的选择道路。这不仅关系到伟大的领导者，而且关系到我们所有人。

假设一个人或一个政治团体，选择具敌对性的竞争道路来获取荣耀。在这种情况下，似乎最好不要持坚定的想法和严格恪守道德的承诺，因为按照流行的方式，改变方向或许是谨慎的——那就是阿伦·伯尔，具有魅力、非常能干，但又不愿意持有立场。[1]

在华盛顿明智的指导下，汉密尔顿认识到，引起轰动是容易的，但在政治上有好的创新却既困难又危险。（"获胜是容易的，"华盛顿认为，"执政是更困难的。"）他认识到政治创造需要学习、思考，甚至或许还需要哲学！（所有的设计者都至少读过洛克和孟德斯鸠的著作，但汉密尔顿读了更多书。）当中包含风险和痛苦。而这样做的回报就是你可以创造一些在你死后还能继续存在的特别的东西。汉密尔顿向华盛顿学习，但他确实从一开始就做出了选择，只需要稍作修正。自他入门的那一刻开始，他就梦想成为"一名英雄和一位学者"，读"书架上的每一份论著"。当伯尔歌唱着他迫切地想待在那个房间里时，汉密尔顿却歌唱着要创造出持久而美好的东西。

然而，事情复杂得多。原因在于，唯有汉密尔顿也是一个无情的竞争对手时，他才能创造出他所创造的东西。他总是想要显赫的地位，只有在他赢了（比如，赢得了华盛顿的尊敬和信任）的情况下，他才能够给后人留下一笔遗产。

换句话说，对有价值的理想的执着不足以进行政治创造。如果你努力要在一个家庭或一个宗教团体中保持德行，那么，拥有想要创造的美好事物或许就足够了；然而，一旦你进入一个需要大量资源才能做好事但却物质供应不足的领域时，在某种程度上，你就不得不玩伯尔的游戏。如果你不在发生这种事情的房间里，你就不能影响历史的进程。如果没有成功地在竞争中击败别人，那么你就不可能有机会待在那个房间里。无论我们谈论的是总统候选人，还是民主进程中不那么有魅力的参与者，创造和竞争都很难分隔开来。因此，纯粹的理想主义者在民主政治的道路上半途而废也就不足为奇了。因此，虽然伯尔没有必要关心汉密尔顿选择的道路，但

---

[1] CD中的歌词呈现了完整的文本。

在某种程度上，从手段的角度来看，汉密尔顿有义务关心伯尔所选择的道路。竞争不一定损害美德，但它总是会引入诱惑：诽谤、掩盖真相，尤其是自恋和不尊重他人。简言之，民主是一个不确定的、充满恐惧的领域，在这个领域里，如果没有对竞争优势的急切追求，就没有人有机会展示其创造才华。

另外，驱动人们追求名誉和公众荣誉也许是政治创造的重要组成部分。至少我们看到，汉密尔顿对思想的真诚热情总是伴随着要引起轰动的愿望，而且后者可能会激发前者，使他克服许多障碍。作为一个私生子和孤儿，他渴望成功，渴望被认可，这种渴望伴随着他，并滋养着他热切地追求着美德和思想。这些敏锐的洞察力使核心问题的比较更加复杂、更加深入。

现在我们面临的问题是：如果政治创造需要竞争，那么竞争是否需要嫉妒？或者说：要和我的兄弟竞争，我一定要破坏他享受生活中的美好事物吗？对于这个至关重要的问题，音乐剧给出了答案："不！"汉密尔顿对荣誉既感到骄傲又渴望得到，但几乎完全没有心存嫉妒。与伊阿古一样，伯尔则完全被嫉妒吞噬；而这部剧目强有力地说明了，嫉妒是政治体的癌症，我们每一个人都应该加以抵制，作为一个国家，我们必须减少或消灭它。

罗尔斯谈到三个使得嫉妒特别危险的社会条件。这些条件与米兰达笔下的伯尔相吻合。他内心深处感到的极度不安全（可能与自幼失去母亲有关）使他沉迷于敌对的竞争。在新的混乱国家里，社会生活的条件使每个人的处境都岌岌可危。就建设性的替代方案而言，伯尔曾试图接近华盛顿，但没有成功，随后又去尝试选举政治，却没有获得最高职位，他发现，除了诉诸仇恨以外，别无他法。嫉妒始于特定的东西：渴望参与特定的秘密会议，置身于"它所发生的房间里"。但很快，利用一首歌，它扩散开来并变得具有世界性："我必须待在它所发生的房间里。"

音乐剧的高潮是那一场著名的决斗，它涉及伯尔和汉密尔顿的关系。音乐剧基本遵循着历史，在剧中，伯尔写了一封挑衅信，暗指汉密尔顿侮辱了他的荣誉。因此，伯尔将自己的情绪表现为与地位相关的愤怒，并以具体的侮辱作为其因由。然而，观众此时此刻很清楚，所谓的侮辱只不过是包含嫉妒之破坏的借口。

至少，在他生命的这一刻，汉密尔顿坚决反对以宗教和道德为理由的决斗。他留下了一份公开声明，描述了他接受伯尔挑战的理由，尽管存在那些反对意见：

> 世人称之为荣誉的一切考虑，都让我（正如我所想的那样）意识到一种特殊的必要性，那就是不要拒绝这种要求。无论是抵御恶作剧，还是产生好的影响，我们都有能力发挥作用，这种能力似乎很可能会发生，但这种能力很可能跟我们在这方面与公众偏见保持一致密不可分。①

米兰达没有引用这一段引人入胜的文字，但他叙述了持有那种精神的决斗。在嫉妒的帝国里，政治美德不得不屈服于嫉妒的要求，才能有所作为，作出改变。它不必内心充满嫉妒，但它必须生活在一个嫉妒有很大影响的世界里。汉密尔顿向许多人解释道，他解决困境的办法是接受决斗，但却要浪费他的射击，也就是说，故意射偏，从而表明他不想毁掉伯尔的生活。具有讽刺意味的是，这个曾在音乐剧开场时，因对工作和德行的热情而一再宣称"我不会浪费我的射击"的人，决心浪费他的射击——正如事实表明，这意味着，丢掉工作和创造的机会。

因此，他们约定在新泽西举行限时赛，一切事情都在那里发生。汉密尔顿向空中射去。然而，伯尔却开枪杀人。当嫉妒的恶意统治社会时，美德往往会失败。

但结果证明，美国并不完全是嫉妒的帝国。事实上，米兰达把汉密尔顿描绘为成功，而不是失败。米兰达的美国是一个分裂的国家，但最重要的是，它尊重公共精神和建设性成就，而且它不喜欢那些首先作为反对者、急于破坏他人成就和幸福的人。生命垂危之际，汉密尔顿希望将来能有人唱他的"歌"，当然，我们也听到了。（在最初的演员阵容中）米兰达本人正在演唱这首歌。汉密尔顿已经取得成功，

---

① Hamilton, "Statement on Impending Duel with Aaron Burr," in *The Papers of Alexander Hamilton*, ed. Harold C. Syrett et al.（New York, Columbia University Press, 1961–87）, 26:278.

因为作为孤儿、移民，他提供了创造性成就，米兰达（及在他之前的许多人）已经发现了、描述与庆祝了这些鼓舞人心的成就。它们在如此之多的方面存在于我们的国家和我们的生活当中：美国宪法及其所有缺陷、金融体系、美联储（fed bank）。显然，世俗事务一直是我们虽有缺陷但仍在运作的民主的支柱。

这部音乐剧的结局非常乐观地描述了美国政治。我们被嫉妒的竞争和破坏性的侵略所困扰。但最终，我们知道真正的善在哪里：它体现为我们有缺陷的国家的爱，体现为这么多已知的和未知的愿意为民主而献出生命的人的奉献服务，体现为表明兄弟情谊、建设性工作及包容少数群体和移民会比仇恨更光明的决心。作为对当今美国年轻人的建议，难道这不是太幼稚了吗？

我们政治中的嫉妒

米兰达是一个乐观主义者。然而，恐惧在我们政治中的支配地位使人们难以对嫉妒持有乐观态度。如今，美国存在着大量像阿伦·伯尔那样的精神。在国会中，我们是如此经常地看到由嫉妒的恶意所驱动的竞争：一个集团想要贬低另一个集团的政策，仅仅是因为它们目前是或曾经是卓越的，而不是为了创造出最佳的解决方案而共同努力。更广义地说，在我们作为公民的生活中，我们遇到了太多伯尔式的问题：人们痴迷于内部人士的身份、权力和地位，并且憎恨那些似乎置身于“（事情）所发生的房间里”的成功的集团。我们不与那些侮辱我们的人决斗，但我们确实以不同的方式做了许多相同的事情，侮辱那些似乎是我们对手的个人和团体，而不是倾听他们的争辩理由。而我们的总统痛揍美国有线电视新闻网（CNN）这一令人难忘的形象，正是一种出于建国者给予嫉妒以荣光的狂热的形象，一种不利于好的政治慎议的精神。

正如我已经指出的，嫉妒的恶意并非只出现在右翼集团——尽管它确实存在于那里。在左翼集团，我们也发现了类似的议题——在对"银行家""大企业"，甚至偶尔对"资本主义"本身的憎恨当中，不仅在希望创造出所有人都能得到的美好生活中当中，而且在经常渴求破坏或消除那些特权者的喜悦当中。毫无疑问，可以不带嫉妒地批评我们系统中一些人的权力。但是，我们也经常发现一种意欲把人打倒而不是决心把我们联合起来建立一个更好的社会的纯粹的消极欲望，它取代了理性的批评。

我们甚至发现了类似伯尔那样的暴力和破坏情绪。另外，令人钦佩的人也无法在这个问题上免受责难。2017年8月18日，在许多优秀且有尊严的反对者当中——他们反对总统在夏洛茨维尔的白人至上主义者游行中作出的骇人听闻的有缺陷的反应，经济学家和专栏作家保罗·克鲁格曼以一种令人不愉快的且不恰当的语气表达了看法。比较了总统与罗马皇帝卡利古拉（这是一个牵强的比较，因为卡利古拉谋杀了他的许多敌人，有时使用了可怕的酷刑①）以后，克鲁格曼接着总结道："最后，当他的行为变得真的无法让人容忍时，罗马的精英做了与如今掌控国会的政党所做的一样的让人无法理解的事：它发现了一种除掉他的方式。"然而，众所周知，卡利古拉被近卫军大队长（跟他类比的是我们的特工）刺杀。克鲁格曼是一个极为聪明与博学的人。鉴于很容易在维基百科上找到这条信息，暗杀的建议要么是因为过于粗心，要么是故意而为。这两种情况都不能在民主言论中占有一席之地。

克鲁格曼以嫉妒来对待嫉妒。在夏洛茨维尔游行的白人至上主义者（他的专栏的直接背景）是嫉妒精神的范例，表达了他们想要毁掉那些人生活的愿望，他们感觉到那些人取代了自己。但用更具有嫉妒性质的破坏来对抗这种嫉妒精神是完全错误的，即使是出于粗心大意或者无心之失。破坏的欲望总是丑陋的，当它幻想或暗示暴力的时候就更丑陋了。

---

① 这种比较让人想起1967年在外百老汇上演的大热剧目《麦克伯德！》当中，对越南战争感到愤怒的左翼人士将林登·约翰逊比作麦克白，暗示他是谋杀肯尼迪总统的幕后黑手。

与此同时，我们的政治包含许多像汉密尔顿一样的人，表达着希望与具建设性的努力，表达着真正热爱国家和人民的声音。有时候，在侮辱和推搡的嘈杂声中，很难听到这些声音。或许，米兰达给我们所有人敲响了警钟：好的想法可以来自任何一处地方——来自像汉密尔顿一样的移民，甚至是像他那样的银行家。2017年8月的夏洛茨维尔白人至上主义暴力事件发生以后，全国人民进行了反省，在此之后，我们已经听到了许多关于美国的雄辩言论，这些言论确实有助于我们向前看——包括来自两个政党的政治家的许多强有力的言论，谴责种族主义，呼吁兄弟情谊和包容性。令人感到鼓舞的是，前总统奥巴马的推特如今是最受欢迎的推特："没有人生来就因为他的肤色、他的背景或者他的宗教而憎恨他人。人们必须学会憎恨，如果他们能学会憎恨，他们就能被教会爱，因为爱更自然地来自人的内心，而不是它的对立面。"说得好！现在我们需要把它们付诸行动。

走向没有嫉妒的政治

我对嫉妒的分析如何能帮助我们思考前进的道路呢？它帮助我们把精力集中到一个挑战上：我们的社会如何才能创造出更多像汉密尔顿一样的人，以及更少像伯尔一样的人——政党和机构更多地像汉密尔顿那样寻求以建设性的方式解决问题，而不是像伯尔那样试图贬低与毁灭那些威胁他们的人。在一个国家，就像在一所高中一样，有可能把注意力集中于有益的和具有公共精神的努力，给汉密尔顿式的创造性作品以尊严、赞扬和奖励，而不是集中于伯尔痴迷的那种零和竞争上。我们与名人及社交媒体的自恋相关的文化助长了嫉妒。与之不同，我们需要关乎美德的文化，以及一种以汉密尔顿意义上的美德为核心的公民意识，即寻求联合起来以政治的方式解决问题：一种高尚而现实地寻求统一解决问题的政治方案。

这种寻求有三个层次：个人、社会和制度。它们相互作用，这是因为人们的情感会对他们置身其中的制度作出反应。而在人们选择汉密尔顿之路与拒绝嫉妒的过程中，政治制度也从中发挥了重要作用。它的其中一部分作用包括：通过不带有歧视性质的法律，通过对以前被排斥的群体给予尊重和关注，国家可以使他们感到自己的才能具有一定的出路（创造性和建设性的）。（因为在某种程度上，汉密尔顿就是那样的，尽管他是少数族裔，但却扮演着建国者的角色：让我们把握机会，我们不会浪费它。）

然而，政府的大部分角色是结构性的。让我们回想一下大萧条时期，一个恐惧和不安全感以一种超越我们今天所看到的一切的方式支配着我们国家生活的时代。经济崩溃所造成的贫困，沙尘暴①的炽热痛苦，全国各地的家庭挨饿——这确实比现在发生的任何事情都要糟糕。为什么？因为罗斯福新政及其向恐惧发起的广泛攻击。②我相信，当罗斯福指出我们必须害怕恐惧本身时，当他指出最能有效驱除他所见到的周遭痛苦的恐惧的方法是，建立一个基本的社会安全网，使人们能够在困难时期最低限度地有所依靠时，他一针见血，正中要害。他试图添加进当时现行的公民和政治权利的"第二权利法案"包括以下内容：

在国家的工业、商店、农场或矿山中从事有用的和有报酬的工作的权利。

挣取足够的收入以提供足够的食物、衣服和休闲娱乐的权利。

每一名农民饲养和销售自己的产品以获取回报，从而让他及其家庭有过上体面生活的权利。

不管经商规模的大小，每一位商人都有在国内或国外不受不公平竞争和垄断支

---

① 美国20世纪30年代相继出现严重的沙尘暴。据记载，许多沙尘暴是从科罗拉多州东南部、堪萨斯州西南部、俄克拉荷马州和得克萨斯州的狭长地带开始的。最终整个国家都受到了影响。1935年4月14日（俗称"黑色星期天"），后来，一名记者在报道中首次使用"Dust Bowl"一词来形容这片发生沙尘暴的地区。——译者注
② 关于罗斯福对恐惧的攻击的两种论述参见Ira Katznelson, *Fear Itself: The New Deal and the Origins of Our Time*（New York, W. W. Norton, 2013）; Michele Landis Dauber, *The Sympathetic State: Disaster Relief and the Origins of the American Welfare State*（Chicago, University of Chicago Press, 2013）。

配的氛围中进行贸易的权利。

每一个家庭都有居住得体面的权利。

每个人都有获得足够的医疗保健以及有机会获得和享有身体健康的权利。

每个人都有得到充分保护以免因年迈、疾病、意外事故和失业而在经济上令人担忧的权利。

如今，罗斯福新政遭到了大量的抨击，因为许多人茫然地认为，这是一场受一部分人嫉妒刺激而掀起的左翼运动。但是那些人似乎已经忘记了大萧条是怎样的。我在这里简单地提一些事情——这些事情由以下政策加以实现，包括联邦存款保险、反垄断法、失业保险、社会保障、医疗保障、医疗补助，以及某种类型的医疗政策，不知是否还包含修订后的平价医疗法案或某一适当的替代办法——如何保护我们当中的每一个人免遭饥饿和无助的痛苦。在国会颁布之前，那些东西并不存在。在不久的将来，它们也可能不复存在。然而，如果我们要问，是什么使美国梦成为可能，是什么使人们对前景有了相当程度的信心，我们应该看看这里，然后继续我们面前尚未完成的工作。

罗斯福明白，权利保护民主免受嫉妒侵扰。每一个人有权享有这些东西，人们不能嫉妒他们的同伴。至少，在某种程度上，将一些关键的经济产品纳入权利范畴，会减少嫉妒。我们看到如此多的嫉妒的一个原因是，人们在经济生活中缺乏安全感。亚历山大·汉密尔顿会赞同，远不像今天的左翼人士那样谴责银行家，因为他知道，创造稳定的经济——包括一家优秀的国家银行，是安抚民众、限制不稳定、使这个新国家走上稳定道路的关键。那并不意味着这样一个体系会变得不公正，而我们必须始终在经济制度中寻找不公正和不平等的根源。但憎恨银行家则是另一回事。看到年轻人为银行家欢呼是一种震惊，但也是一种有益的震惊，我们应该为米兰达鼓掌，因为在其他事中，他出人意料地选择了一位英雄，从而削弱了嫉妒的政治。

嫉妒将永远不会消失。它深深根植于人类生命本身的不安全感。无论从人的角度还是从政治的角度来看，追求纯洁都是治疗自我憎恨和憎恨他人的良方。取而代之的是，我们可以通过创造一种条件来抑制嫉妒，在这种条件中，嫉妒不会失去控制，爱和创造性工作（以华盛顿和汉密尔顿在音乐剧中的表现为例）决定了国家的发展方向。我们的国家以这样的胜利开始（至少在神话中是这样）。我们能否以这种精神继续下去，抑或是我们宁可像古罗马人一样在嫉妒的帝国里生活下去？

第六章

有毒的混合：性别主义与厌女症

论述我们的政治时，就不能不详细谈谈性别政治的问题。观察者怎么会没有注意到最近的竞选中显露出来的对女性的引人注目的敌意呢？不管性别是否决定结果，美国（几乎选出，但却）没有选出一位女性总统，并不是2016年选举的偶然（考虑到差距微弱的结果，人们不可能知道这一点）。

美国并不是唯一一个需要面对性别歧视和敌意问题的国家。几个世纪以来，几乎所有国家都让女性处于从属地位，而且今天很可能依然没有一个国家能够摆脱政治上对女性的偏见——尽管在议会制而非直接选举总统的国家，女性通常也会一直升至最高职位，如英迪拉·甘地、戈尔达·梅厄、撒切尔夫人、安吉拉·默克尔、特丽莎。

尽管如此，仍有一些东西值得思考。比如当今总统对女性的评价，这些评价大概是为了取悦他的"选民"而精心设计出来的。

一、血液

2015年8月7日，梅根·凯利的月经期被评论道："你可以看到她的眼睛在流血。血从她身体的各处流出来。"

2017年6月29日，记者米卡·布热津斯基被描述为"整容后流血不止"。

二、体重

2016年9月27日，环球小姐冠军艾丽西亚·马查多被称为"小猪小姐"与"吃东西机器小姐"，这是因为，据说她在赢得冠军后体重增加了。

三、卫生间

2015年12月21日，对希拉里·克林顿休息时上卫生间被评论为："我知道她去哪里——真恶心。我不想谈这个。不，太恶心了。"

四、母乳喂养

2011年，当律师伊丽莎白·贝克在做证期间请求暂停而去抽取母乳时，"他站起来，脸涨得通红，冲着我摇手指并尖叫'你真恶心，你真恶心'，然后他就跑离那里了"。（贝克在2015年7月29日接受美国有线电视新闻网采访时回忆了这件事。）

五、吸引力

2012年10月28日，贝蒂·米德勒被评论"极度没有吸引力的女人"。2012年8月28日，阿莉安娜·赫芬顿被评论为"不论是外表还是内在都缺乏吸引力"。

这些事件可能只是说明了他们并没有在竞选活动中塑造出来总统的特质。与总统可能持有的观点相比，我更加感兴趣的是，他的"选民"对这些言论的热衷——以及对投票给他的一大批美国人而言，这些言论并没有让他们变得不合格的事实——在我们国家对女性的态度问题上向我们展示了什么。让总统忧心忡忡的显然是大部分的美国人（大多数是但不完全是男性）。针对这些充满厌恶的攻击，我们还能添加进竞选过程中向希拉里·克林顿展现的其他怪异的带有敌视的报道：反复出现的关于她健康状况的谣言和猜测；当然，还有无处不在的暗流，猜测希拉里·克林顿是否真的能胜任这份工作。

这一切看起来相当让人不愉快，但它听起来真不像是恐惧。即便如此，我会论证，当女性试图担任领导角色时，对她们的敌视确实以恐惧为根基——只是以三种不同的方式，与我们已经考察过的三种不同情感有关。一些敌意由恐惧-责备的动力所助长：女人已经不受控制，拿走我们的东西，并且拒绝扮演助手的角色——那是她们应该扮演的角色。因此，她们必须被严加管教，回到"她们的位置"上。有一些敌意由恐惧-厌恶所驱使：对出生及通常情况下对身体的焦虑，导致（一些）

男人诋毁（一些）女人，认为后者是"恶心的"。最后，在这些特殊的例子而不是我们稍后提到的其他例子中，我们更少地看到由恐惧—嫉妒所助长的大量敌意：女性在美国生活中享受着无与伦比的成功，或多或少地接管了大学和专业学校的入学资格及随后的就业机会，使许多男性（及其家庭）感到被边缘化与被羞辱，感到与生活中的美好事物隔绝。

正如我们即将看到的那样，这三种动力相互兼容：我们无须被迫作出选择。而这三种动力大致对应于三种不同的"问题核心"或者更深层次的问题，驱使人们走向（尤其是公共生活中的）妇女完全平等的对立面。让我们把第一个故事称作是失职的内助。这个故事讲的是，男人最想从女人身上得到的东西是忠诚的服务和无私的同情。他养家糊口，她却是个家庭主妇。当他外出的时候，她抚养孩子，照顾家庭。她的慷慨和无私让他充满忧虑的生活变得更加平静与更加轻柔。然而，你看看，很多女性都再也不想提供服务了。她们想要自己的事业，甚至是在政界！她们还鲁莽地要求男士们帮忙做家务与抚养孩子。这违反了原始的自然契约。难怪男性越来越不开心，他们的寿命和健康正在下降。必须让女性明白，她们逃避职责是有后果的。（不可否认，少数男性欢迎女性来养家糊口，感觉到要从赡养者的焦虑中解放出来了。）

第二个故事是关于女人作为化身。与人类长久以来力图超越动物性的渴望有关，比男性相比，女性常常更容易在身体方面被投射。因为女性生育孩子，因为她们的"天性"似乎与生育和性有关，对身体化和终有一死的焦虑会投射到女性身上。正是由于这种与男性自身恐惧方面的象征性的联系，女性必须被贬低到家中并受到密切关注。正因为如此，她们的身体机能必须忧心忡忡地受到监控。

很明显，这些都是关于"问题核心"的不同故事，但这两个故事都可能是真实的，而且它们可以采取行动使彼此相互强化，当女性的性行为受到监控，女性被敦促将自己限制在家中时，赌注就会加码。正如我们将会看到的那样，父亲身份的焦虑同时包含了两种"因由"。

接下来，还有另一个故事，我们自身时代的一个新的"因由"，虽然它的迹象已经存在了很长时间。这就是女性作为成功的竞争者的故事。对竞争成功的焦虑是人类生活中一个非常古老且非常普遍的故事。但它在性别问题上确实有其独特的一面。如果男性在成长过程中将成功定义为竞争成就——金钱、地位、钦佩、三者兼具的工作，那么，你会发现如今并非要超越所有那些男性，而是面临双重竞争，因为女性从各个地方蜂拥而至，而且她们的表现非常出色，甚至可能比男性更优秀——这是多么糟糕的事情。这个"故事"似乎并非只发生在性别问题上；相同的作用方式影响着对移民的敌意。然而，通过与其他"故事"相结合，性别问题往往就会占优势：为什么她们不按照自然界的规定待在家里并照顾我们呢？为什么她们一定要把她们的肥胖不紧致的身体和各种状况，带进我们的工作场所呢？对很多男性而言，家庭也给了这个"故事"以深刻的根源：姐姐语言能力发展得早，母亲具有优越感。也许，嫉妒就在子宫的某个地方：她有我不能拥有的好东西。我被排除在幸福生育的范围之外。

性别歧视主义与"厌女症"

在我们进一步讨论之前，必须探讨一种划分。人们除了谈论性别歧视，也谈论厌女症，并经常交替使用这两个词。但它们真的不能互换使用。无论如何，存在两种我们应该加以区分的大相径庭的现象，尽管也许这两个词并不能完全提供这两种现象的信息。这是我从哲学家凯特·曼妮的新书《听话的女孩：厌女症的逻辑》中学到的，尽管我在各个方面都不赞同她的看法。[1]

---

① New York, Oxford University Press, 2016. 我不赞同曼妮观点的基本之处在于，她或多或少过分集中在"坏内助"的形象方面，只是简短地提到厌恶，并且根本没有提到嫉妒。

按照曼妮具有价值的论述，性别歧视是一套信念。性别歧视者认为，女性比不上男性，不如后者适合承担各种重要任务。或者说，性别歧视者可能认为，"天性"决定了男性适合就业与承担政治角色，女性适合在家里发挥作用。

在美国历史上，性别歧视是非常明显的（每一个国家的历史都是如此）。关乎"两种天性"的故事的一个典型且著名的例子是大法官约瑟夫·巴特利在布拉德威尔诉伊利诺伊州一案——一起最高法院的案件，它支持关于禁止妇女在伊利诺伊州从事法律工作的伊利诺伊州法令——中的观点：

女性天生且恰当的胆怯和敏感显然令其不适合从事公民生活中的许多职业。建立在神圣法令与自然事物之上的家庭组织的构成，表明了家庭范围是恰如其分地属于女性的领域，让她们发挥作用。不用说身份，属于或应该属于家庭的利益和观点方面的和谐，与女性从事与其丈夫截然不同的独立职业的想法是不相容的。

大法官巴特利关于女性无能的断言遇到了一个直接的障碍：麦拉·布拉德威尔已经成功从事法律工作多年。作为《芝加哥法律新闻》的编辑，她长期坚定不移且不知疲倦地追求职业中的更高标准和法律教育的提升；在1873年，她成为了芝加哥律师协会的创始人之一，当然，她并没能加入其中。此外，1869年，艾奥瓦州允许一名女性进入律师协会，1870年，一名女性从伊利诺伊州的一所法学院（西北大学普利茨克法学院的前身）毕业。俄亥俄州在1873年允许一名女性进入律师协会。然而，巴特利大法官已经做好了准备：

的确，许多女性还没有结婚，并且未曾受到任何由婚姻状态引起的责任、复杂性和缺乏能力的影响。但对一般规则而言，这些都是例外情况。女性至高无上的命运和使命是履行妻子和母亲的崇高且仁慈的职责。这是造物主的法则。公民社会的规则必须与事物的总体构成相适应，而不能建立在特殊情况之上。

这个"论点"有一个明显的问题：麦拉·布拉德威尔已经结婚。

然而，性别歧视通常对数据不感兴趣。事实上，它非常奇特地不合逻辑，约翰·斯图亚特·密尔在他于1869年出版的著作《妇女的屈从地位》中已经观察到这一点了。作为一名国会议员，密尔于1872年提出了英国第一个女性选举权法案，[①]他指出，性别主义者在自身作出关于无能力的判断时一定不要那么自信，这是因为他们如此努力地阻止女性去做他们自以为女性没有能力去做的事情："为了避免自然不能成功地达到目的而由人类代表自然进行干预的焦虑，是一种完全不必要的忧虑。对于女性因天性而不能做的事情，禁止她们去做是相当多余的。"实际上，密尔继续说道，如果我们审视社会已经组织好的所有禁令和要求，我们会理性地得出结论，认为男性不相信"女性的天职是当一名妻子和母亲"。相反，他们看起来必须相信这种天职对女性没有吸引力："如果她们可以自由地做任何其他事情——如果有其他生活方式，或对她们的时间和能力的占用，她们中就不会有那么多的人愿意接受据说对他们来说很自然的条件。"[②]

因此，性别歧视是一系列令人不安的信条，充满了难以看见的不确定性。伴随着同样的不确定性暗流，这些相同的信条直至最近依然在美国持续存在。南希·韦斯·马尔基尔对男女同校的卓越研究在常春藤联盟中艰难地争取权利，《把该死的女人拒于门外：为男女同校进行斗争》提供了大量案例。[③]她关注主流机构，关注白人盎格鲁–撒克逊新教徒文化，但她从那里得出的看法大体上是美国式的，即使常春藤联盟已经以言过其实的方式持有这些看法。（我们不要错误地认为，厌女症主要是一种工人阶级现象！）

直到20世纪60年代和70年代，许多一流的管理人员、教职员工、董事会成员，甚至是全部由男性组成的学院的学生（重点是耶鲁大学和普林斯顿大学，以及自成

---

① 当然，这个法案并没有成功，唯有在1928年，英国才有完全意义上的女性选举权（1920年美国就实现了）。18世纪末，阿伦·伯尔在纽约州立法会提出一项关于女性选举权的法案。伯尔是一个理智的女权主义者，他把玛莉·沃斯通克拉夫特的肖像挂在了书房的墙上。他的女儿西奥多希娅是她所处时代获得最好教育的女性之一。

② J. S. Mill, *The Subjection of Women*, ed. Susan Moller Okin（Indianapolis, Hackett Publishing, 1988）. 引自第一章。

③ Princeton, Princeton University Press, 2016. 文本中已经标出页码。

一格的哈佛大学/雷德克里夫学院①）都打算毫不犹豫地表示，女性无法像男性一样学得好，她们不属于那些培养国家"领导人"的机构，她们的主要职能是当妻子和母亲。

妇女不是唯一被排除在这些机构以外的人：少数民族在耶鲁大学和普林斯顿大学中也几乎是不存在的。一名新的耶鲁大学招生办主任答应既倡导男女同校，又扩大被录取的男性群体，通过指出时代在变化，领导者来自许多不同的群体，包括犹太人、少数民族、女性和公立学校的毕业生，他迎合了通常意义上的"领导者"论点。1966年，他遭遇了这段出自一位管理者的异乎寻常且巧妙的反驳。

他的对话者反驳道："你说的是犹太人和公立学校的毕业生是领导者。看看你们周围的这张桌子"——他朝布鲁斯特、约翰·林德赛、保罗·摩尔、比尔·邦迪……挥了挥手，"这些是美国的领导者。这里没有公立学校的毕业生。"

难道说话者真的缺乏自知之明，或者说，难道他在公然宣称自己决心保持"俱乐部"的现状而排斥外来者？

这个问题有助于我们从性别歧视转向"厌女症"。这个词的词源意思是"憎恨女性"，但它目前的用法更广泛。正如曼妮所定义的那样，比如说，它是一种执行机制，一系列旨在让女性安分守己的行为。如果管理者认为女性（以及犹太人和少数族裔）都缺乏在耶鲁大学竞争的能力，那么，他就是在宣扬性别歧视。但更容易理解的是，他的言论表达了一种执行特权的决心：我们坐在这张桌子旁，我们不会把"我们的"地位让给任何新的团体。故而，让我们把厌女症看作是对性别特权的坚定执行，它有时可能是受仇恨所驱动，但它更多时候是与温和的家长制情感结合在一起。它的主要根源是自我利益，加上对潜在损失的焦虑。（因此，就存在这种仇恨而言，它与女性对男性的仇恨不相对称：那是怨恨助长的愤怒及报复的

①　之所以说是"自成一格"，是因为雷德克里夫学院允许女性跟哈佛大学的男性一起上课，甚至是获得哈佛大学的学位，然而，关于雷德克里夫学院是独立的错觉，使具强制性的录取配额得以保留下来。

愿望。）

性别歧视经常使得厌女症"合理化"：拒绝女性上大学、从政等的理由是因为她们的"天性"使得她们适合扮演妻子和母亲的角色。然而，性别歧视很难用证据加以辩护。正如密尔指出，由于女性没有其他选择，因此不可能知道她们真正能够做什么，以及她们是否真正谋求妻子和母亲的角色。而只能通过严格的禁令才能继续扮演那种角色的事实表明了，她们真的渴望有更大范围的选择。因此，厌女症经常挥舞性别歧视的旗号，但基本上都在捍卫根深蒂固的特权：我们喜欢这样，我们不会让它们发生变化。

此前，美国政界一些显要人物的讲话表明了什么样的态度呢？其讲话似乎通过嘲笑、侮辱、厌恶的表现，向那些在以往全由男性承担的工作中有成就的女性（以及那些在某个问题上敢于挑战他的女性）传达了我们可能称之为"打击"的东西。总统没有说哺乳期或月经期的女性不能成为一名好的律师或记者，他只是试图通过公开演讲，让这些女性在从事那些职业时生活变得困难。因此，厌恶女性的标签比性别歧视标签更适合他与他的观众。

但厌女症在美国左翼当中也有一段长久的历史。20世纪60年代和70年代的激进运动——主要包括争取民主社会的学生（SDS[①]）和学生非暴力协调委员会（SNCC[②]），把女性排除在领导岗位之外，没有听取她们要求重新思考家庭责任的诉求。正如马尔基尔坚信的，他们在那个方面与耶鲁大学–普林斯顿大学的保守派一样糟糕。女性不得不自己行动起来，尽管如今那一运动得到了男性的大力支持。

让我们回到巴特利那里。乍一看，他似乎是性别歧视者，但更仔细地观察后就会发现，他的基本看法属于一种厌女症。当谈到自然意义上的命运等问题以后，他

[①]　"Students for a Democratic Society"的缩写。

[②]　"Student Nonviolent Coordinating Committee"的缩写。

终于谈到了核心问题：我们可以允许一些未婚女性设法从事法律工作，但我们不允许已婚女性这样做。不过他也没有直接说已婚女性不能从事法律工作，他说的是：这些女性还有其他应该被要求去履行的"职责"，当从事法律工作时，就会在其中一些职责（主要是抚养孩子）方面变得"无能为力"。在我们这个时代，与巴特利大法官非常相似的是牧师拉尔斐·德罗林格，他是为总统内阁成员提供圣经学习课程的基督教福音派领袖。跟巴特利大法官一样，德罗林格并不是说她们不称职，而是认为她们违反了规则。

与之相似，反对男女同校的耶鲁大学和普林斯顿大学的保守主义者采用性别歧视的观点，但基于美国大多数大学长期以来都是男女同校，而且女性在这方面做得很好，那时候的论点并不具有说服力。他们真正关心的是管理者所表达的：保持"俱乐部"领导层都是男性（以及是白人和基督徒）。

正如密尔指出的那样，性别歧视和厌女症之间的张力是巨大的。如果女性真的很弱，不能胜任某一特定领域的工作，那么市场就会自行把她们排除在外。因此，如果我们看到积极设置障碍的努力，这就表明了，防御者并非真的认为事情会自行把她们排除在外。美国大学男女同校的历史清楚地表明了这种紧张关系：通常当女性表现得确实好，在班级中占据了超过"她们份额"的空间时，想要把她们拒之门外的欲望就会变得强烈。我自己的大学在1892年成立时就实行男女同校，在择优录取政策下，它迅速发展成为女性占多数的局面，在1892年至1902年间，女性在学术荣誉协会全美优等生联谊会的选举中占56%以上。当时，威廉·瑞尼·哈珀总统在入门课程中以单独分开的班级为女性另辟一径。他的解释是，校友捐赠会减少，但他对"俱乐部"未来的担忧是显而易见的。

基于对学校声誉的考虑，哈珀的实验是短暂的。1906年他去世时实验就停止了，从未完全实施。但哈佛大学、耶鲁大学和普林斯顿大学不愿采用平等入学的做法并不算短暂。在很长一段时间里，哈佛大学的男女入学比例被人为地设定为

4∶1，利用了雷德克里夫学院是独立的错觉（它从来没有自己的教员）。同样地，起初耶鲁大学在很少数班级中，尝试录取250名女生和1000名男生，因此，没有男性学生觉得"他的位置"受影响。正如马尔基尔指出的，耶鲁大学的第一批女学生在成绩等级与考试分数上都比男学生优秀，在包括校友关系、体育成绩和更模糊的"有前途"的特质等各项标准方面都比男学生优秀。

正如我在这里所定义的那样，厌女症是一种保护根深蒂固的利益的决心。它可以使用性别歧视的信念作为工具，但这个工具有时会变成一把双刃剑，因此，厌女症者通常不会太过依赖它。与之相似，有人可以让（大多数）女性继续扮演妻子、母亲和性对象的角色，而不真正相信女性是低人一等的。

事实上，我们的朋友卢梭——他像往常一样让人费解且充满矛盾性，更像是一个厌女症者，而不是性别歧视者。在论述教育的伟大著作《爱弥儿》的第五章中，他把爱弥儿命中注定的配偶苏菲描绘成天生就喜欢取悦和支持男人。但当你仔细阅读文本时，你会发现卢梭在每一个点上都让他的读者观察到，苏菲在身体和智力成就方面的强烈自然倾向已经被强行遏制。她不被允许读同样的书，她必须穿着高跟鞋参加赛跑（即便这样，也几乎要打败爱弥儿）。[①]文本中真正的动因是认为社会稳定和秩序需要把妇女限制在家庭角色范围内。在一个很能说明问题的脚注中，卢梭指出，在一些社会中，妇女可以有几个孩子，但仍然在外面就业。但在欧洲，由于城市疾病缠身，人们不得不至少有四个孩子才能确保两个孩子存活下来，而那意味着妇女必须成为全职母亲。[②]这是一个强制将妇女留在家中的理由。这不是真正的性别歧视。

---

① 苏珊·莫勒·奥金具有说服力地阐释了这种对文本的理解。参见Susan Moller Okin, *Women in Western Political Thought*（Princeton, Princeton University Press, 1979）, part III。黛伯拉·萨兹为新版本撰写了前言。
② 布鲁姆的版本，第362页。

恐惧－责备

现在，让我们来整理一下厌女症的不同方面，追问一下把女性留在"自己的位置"上的欲望到底是什么。厌女症的一个方面（曼妮的书所关注的那个方面）是男性希望女性能够支持他们的需求，并为他们献出自己的生命。其中一部分可能是性服务，一部分是照顾儿童。但让我们从一个简单的想法开始，即给予男人东西是女性所追求的。考虑一下谢尔·希尔弗斯坦的诗《爱心树》吧，这首诗曾经作为一个关于母亲和孩子的感人美好故事而读给小孩子们听。①这首诗是关于一棵树（具有女性特征）爱上一个小男孩的故事。这个男孩靠着这棵树来玩耍、吃饭和睡觉，两者都很开心。当男孩长大了，他向树索要钱，接着又为妻儿索要房子，树就把树枝给了他，让他拿去盖房子。他离开了很长一段时间，然后回来了，这次他索要一艘船。树把树干给了他，他把树干砍倒，造了一艘船，扬帆远航。最后，男孩又回来了，树道歉说：她没有东西给他了——她的树干、树枝和苹果都已经给出去了，她只是个树桩。男孩说，他想坐下来休息，树说一个老树桩很适合坐下来休息。男孩坐着，树很高兴。

这种令人恐慌的叙述似乎完全不适合儿童的教育，但它曾经在教育领域风靡一时。②"树"或者母亲，不断地给予，直到她只剩一个树桩。而男孩对归还任何东西从不感兴趣，他只是以不同的方式利用这棵树。但不知何故，事情被期待就是这样的，树感到高兴，因为男孩仍然想使用她。（这首诗中还有其他主题，关于衰老和失却，但性别问题的驱动力使人们不可能专注于这些更具人性化的有趣方面。）许多年代（当然是20世纪50年代抗议爆发之前）的核心家庭正是以这样的方式被浪漫

---

① Shel Silverstein, *The Giving Tree*（New York, Harper and Row, 1964）. 曼妮充分地讨论了这首诗。
② 我来自以色列的助理研究员聂坦内尔·利普希茨，读了希伯来语的译本，并且完全不知道树是女性：在希伯来语中，男孩和树都属于男性。

化和性别化。人们模糊地认识到，女性在服务过程中付出的代价，但不知何故，人们认为这会使她幸福。男性觉得，除非他们能回来依靠那棵总是在家里的大树，否则他们无法出去闯天下、去冒险并有所成就。

女性作为奉献者的浪漫有几个不同的方面。这个故事的一些版本侧重于处理家务和家庭生活，一些版本侧重于生育和育儿。有些版本（虽然不是希尔弗斯坦的版本）关注的是女人是否有机会有性行为，以及她有责任保持自己的魅力，以便男人回家后有一个好的性伴侣。

关于那种关乎性的相当庸俗的观点，我们的朋友卢梭补充了另外三点：（1）男人不想抚养孩子，除非把女人关在家里，让他们确信孩子真的是他们的；（2）如果不是因为女人的"矜持"而不断点燃，男人的激情可能会衰减，女性会狡黠地有效利用其未婚妻的角色，接下来是妻子的角色；（3）另一方面，除非女性通过坚持男性将性行为限制在婚姻范围内来控制它——可预见的是，这将导致欲望下降，否则，男性的激情可能会变得令人分心与具有压倒性。正如你所见，卢梭在这个问题上有很多立场，但总是具有洞察力。这三点在某些人身上可能都是正确的，尽管难以想象或许除了卢梭本人之外的任何一个人，在这三个方面几乎同时都是正确的。①托马斯·杰斐逊追随卢梭，重申了他的第一个论点和第三个论点："我们的国家是一个纯粹的民主国家吗……但可能会从（我们的）慎议中排除出去……为了防止道德的败坏和问题的模棱两可，女性不能混杂于男性的公开会议当中。"②

"女人是爱心树"的故事常常充满焦虑——尤其是在我们这个时代。想一下故事里的那个男孩。如今，他完全长大了，他想抚养孩子。但是女人不再遵守规则了。她们不待在家里，她们有工作，她们挣取收入，她们要求那个已经长大的男孩

---

① 《爱弥儿》论述了第一个观点和第三个观点。第三个观点暗含在那里但却明确体现在《写给达朗贝尔的信》当中。

② Jefferson, *letter to Samuel Kercheval*, September 5, 1816；杰斐逊也把"婴儿"和奴隶排除在外。这个句子经常被错误地引用，意指"问题的模棱两可"，而不是（后代）"问题"。

分担家务和照顾孩子。他想，这不是生活给我准备的，这不公平，我希望一切都是原来的样子。也许他还有个女老板，他看到女性竞选政治职位，他再次认为，"这并不公平。她们应该支持我，但她们却要求并命令我"。他不是为了互惠的爱而长大的，他期待着服务，瞧，那里没有服务。

这个男孩很可能会变得性别歧视，认为女性的自然位置是在家里。但真正的问题是厌恶女性：回到你所属的地方。一种深深的焦虑与愤怒交织在一起：她们是使得我的生活变得不安全的人。

有时候，恐惧–责备反应是针对所有的女性。不过，更常见的是，它豁免了在旧有游戏中玩得很好的温顺且传统的女性。（当然，也有一些女性想玩那个游戏：对某些人来说，被养家糊口的人照顾是具有吸引力的事情。）恐惧和责备（包括来自那些更传统的女性的责备）瞄准那些想改变游戏的"自视甚高"的人。因此凯特·曼妮的书名是"听话的女孩"。对可爱的小狗，你不必说"趴下"，但是对一只还没学会怎样做的、桀骜不驯的狗，你会这么说。

在这里，我们看到了如此多女性投票支持总统的一个原因。当然，还有很多原因。许多女性只是同意他在其他问题上的立场，并决定无视他对女性的评论。但至少有一些人出于道德或宗教原因反对追求个人独立和事业成功的女性，而不是把照顾家庭作为首要考虑。他们因所谓的自私而责备"违反规则者"——有时那种责怪因他们自身把传统职责放在首位或许会错失某种东西而得到加强。

这些抱怨提出了一个真正的难题。我们社会中的许多孩子确实很少得到父母的照顾和时间。然而，这一问题往往是由贫穷造成的，贫穷需要长时间的工作，使儿童得不到优质的照料。另外，监禁率也很高，这也剥夺了许多贫困家庭的父亲角色。因此，我们忽视儿童的问题并非与所谓的"自视甚高的"的女性的问题密切相关。然而，即使在问题是部分自私的原因的案例中，不负责任肯定也不应该完全归咎于女性：那些仍然没有公平地分担照顾家庭与家务劳动的男性呢？仍然不能满足双收家庭的生活的工作场所又如何呢？尽管我们应该尊重任何一个选择留在家里并照顾孩子（有时还要照顾年迈的父母）的配偶，不管是男性还是女性。但在一个平等的社会里，让男人自由选择并告诉女人别无选择的传统模式肯定是错误的。

简而言之，"听话的女孩"的反应将注意力从真正需要解决的社会问题转移到贫困问题、大规模监禁问题、工作场所缺乏流动性问题，以及真正选择和平等的问题。

恐惧－嫉妒

性别歧视给焦虑的厌女症者带来安慰：无论如何，她们都无法做到像我们那么优秀。一旦一个团队表现出卓越的成就，那个支撑物就会坍塌，而恐惧就会升级。反犹太主义从未曾真正有支柱，这是因为犹太人的卓越成就是众所周知的。女性又怎样呢？在马尔基尔的书已经涵盖的时代，人们会看到，在许多大学里，女性的表现都优于男性，如果在平等的基础上被录取，她们会要求"太多"名额。

如今，对那些认为某些职位是"他们的"的男人来说，高等教育的实情更加令人震惊。作为申请者，女性几乎在所有地方都表现得优于男性。事实上，我从那些非常重视男性体育项目的学校那里听到的普遍情况是，那些学校人为地控制降低了女性的数量，这样它们就不会被要求根据《教育法修正案第九条》削减男性体育项目的开支。（《教育法修正案第九条》要求男女体育支出的比例与男性和女性在学生中所占的比例相一致。）一所足球学校告诉我，根据成绩等级和分数决定的女性和男性比例至少为60∶40，也许更高。但为了足球项目，他们把这个数字控制在55（女性）∶45（男性）。其他的学校为了营造平衡的社会氛围而人为地扭曲这个比例，理由是男性和女性都会拒绝一个性别比例过于扭曲的学校。（没有被扭曲的莎拉·劳伦斯学院，是女性占71%。）

关于女性成就的故事具有国际性。在那些比我们更依赖于考试成绩，更不取决于校友关系、体育运动或爱好的国家，女性几乎在所有地方都让男性黯然失色。例如，尽管美国人对阿拉伯世界有着敌视女性成就的刻板印象，但在阿尔及利亚、巴林、科威特、黎巴嫩、摩洛哥、突尼斯、卡塔尔、阿曼、叙利亚、沙特阿拉伯和阿拉伯联合酋长国，女性大学生的人数在2012年都超过了男性大学生。在约旦，女性不仅以52%比48%领先于男性，在一流学府安曼的约旦大学，她们真的完全占优势，在2007年的一次访问中，我被告知，女性占学生总数的75%。在这些国家，妇女仍然面临着严重的就业障碍，但是，当她们在高等教育方面的成就令人印象深刻时，她们还能被排斥在"俱乐部"领导地位之外多久？

当女性成功了，男性又怎么办呢？哈佛大学、普林斯顿大学和耶鲁大学的故事提供了一个问题的缩影，这个问题在我们国家整体上是突出的（特别是考虑到不断变化的经济需求，这使得大学学位成为大多数工作的必需条件）。在一段时间里，这些常春藤联盟的领导者试图装作不存在零和竞争：只需增加女性的名额，男性的数量将会保持不变。当然，从长远来看，那个策略并不奏效。这些学府从来没有考虑过简单地将其提供的名额增加一倍，这是一个在财政和后勤方面都行不通的想法，因为它意味着，住宿人数增加一倍，教职工人数大大增加，等等。随着接纳更接近同等数量的女性的压力上升，随着录取决定的逐渐重视资质，而不是针对女性的严格指标，男性的数量迟早不得不下降。这三所学府长期抵制平等的准入。20世纪70年代，在哈佛大学，雷德克里夫学院拥有自主性的错觉被利用，用于保持4∶1的录取指标，直至1999年两者才完全合并。

令人惊讶的是，哈佛大学、耶鲁大学和普林斯顿大学的男生名额肯定比以前少了，但这一事实如今并没有引起强烈的抵制。富有的校友有女儿也有儿子；女性校友逐渐加入到捐赠者的行列；班级规模的扩大减缓了入学机会减少所带来的冲击。最重要的是，人们开始相信男女同校对于吸引最优秀的学生而言是至关重要的，并对男女同校如何在实践中发挥作用的担忧逐步减少。

在整个美国社会，情况并不那么乐观。即便人们在一定程度上相信所有人的才能都应该得到发展，每个人都拥有在教育、就业和政治舞台上竞争的权利，但不可避免的是，在所有这些领域，对许多男性来说，申请人数翻一番意味着大量的失望。这也意味着，我这一代的美国男性根本还没有准备好应对其他变化，尤其是越来越多的男性承担更多家务、照顾孩子和照顾老人。我这一代的左翼运动完全由男性主导，对平等分配家庭事务不感兴趣。这一问题主要是由妇女提出的，在全国家庭中仍然是一个非常困难的问题——特别是鉴于我国与许多国家不同，没有为学龄前的儿童甚或是范围广泛的学前教育提供儿童保育补贴，而且家庭和医疗假期计划也相对薄弱。

我认为，当一个群体感觉到其他人拥有的关键性的好东西（金钱、地位、办公室、就业机会）自己没有时，嫉妒就会加剧。毫无疑问，白人男性特别是中下阶层的白人男性确实正在输掉。现有的工作大多需要大学学位。即使是有工作的男性也面临收入停滞和购买力下降的问题。这一群体中最突出的健康问题首先是麻醉剂成瘾——是痛苦和绝望的迹象。诺贝尔经济学奖获得者安格斯·迪顿和他的妻子、合著者安妮·凯斯在非西班牙裔的白人工人阶级中看到了一片"绝望的海洋"。对那些没有大学学位的人来说，男性和女性的死亡率都会急剧上升，但男性死亡率更高。他们将这种增长归因于就业前景不佳，以及肥胖、吸毒和压力积聚一起的不利因素，就如同最初试图应对失望的行为会使前景变得更糟。

让我感兴趣的是不良前景所带来的压力与焦虑之间的相互作用，以及一种令人绝望的嫉妒，这些嫉妒使他们对那些被视为取代他们的人发起猛烈抨击。这种特定的嫉妒的相互作用方式要求有一种对自身特权的信念："他们"取代了"我们"的位置。移民首当其冲地在一定程度上遭受这种嫉妒，女性也在很大程度上遭受这种嫉妒——鉴于女性在美国生活各个方面的突然崛起，这种情况很容易被理解。迥然不同的教育成功与此尤为相关，这是因为，许多女性在某种程度上逃避了具有类似背景的男子的就业问题。无论如何，看到妇女在教育和需要教育的工作中所取得的突出地位，人们很容易把男性的问题归咎于她们。

关于嫉妒助长厌女症的小却有说服力的案例是一个名为AutoAdmit的网站引发的危机，该网站旨在提供法学院招生的建议。然而，这个网站很快就堕落成为一个以色情为主的网站，在这个网站上，匿名的法律系男学生在上面讲述虚构的关于法律系实名女学生的淫秽故事。即使雇主不相信公式化的色情故事，它们也会产生污染效应，女性觉得这确实会在求职过程中造成真正的伤害——除了在课堂上制造压力外。这是因为，诽谤者清楚地知道女性的个人情况，而女性却无法追踪到诽谤者的身份。当两名女性——耶鲁大学法学院的女高才生——起诉诽谤者时，她们仅仅有能力辨认出其中一些海报。她们最终与一些涉案人员达成和解；然而，诉讼的条款仍然是保密的。法学院社区对这个问题非常重视，它是2008年一次有关互联网法律的会议主要展示的内容，后来被编成了文集。[①]

我自己的论文讨论了网站上表达的情感和哲学家弗里德里希·尼采关于怨恨的观点之间的联系。对尼采而言，怨恨表达是一种弱者嫉妒强者的情感，但它随后变得有创造性：它促使弱者创造出一个他们在当中是强有力的而他们的竞争对手却是可悲的另一个世界。我认为，网络色情正使那种情况成为可能：在这另一个世界中，女性并非成功的获得者，而更像是荡妇，而这个世界影响现实世界。幸运的是，这种在互联网上其他地方仍然普遍存在的欺凌行为，在目前的法学院并不典型，在那里，女性获得了越来越大的平等。

这就是我目前看到的正在发生的更为普遍的美国厌女症情况。在现实生活中，女性正取得越来越大的成功。在厌女症者构筑的另一个世界里，女性是可悲的、软

---

① Saul Levmore and Martha C. Nussbaum, eds., *The Offensive Internet: Speech, Privacy, and Reputation* (Cambridge, MA, Harvard University Press, 2010) .

弱的、丑陋的。在现实世界中，越来越多的女性拒绝扮演迷人的助手角色。她们坚持要获得其他标准的成功。在与之并行的厌女症世界中，那些不扮演这个角色的人被奚落为极度失败。不幸的是，厌女症在整个美国的影响要比它在法学院的影响大得多。

恐惧–嫉妒–厌女症的故事与恐惧–责备的故事相吻合：在零和竞争中，男性感到被女性打败，与此同时，他们也找不到明确的支持，找不到女性曾经作为"家庭主妇"所提供的毫不费力就能得到的安慰。或者说，如果他们确实在自己家里找到了这种支持和安慰，那么，他们很清楚，"爱心树"的机制正在迅速消亡。

恐惧 – 厌恶

不过，一些社会乃至政界显要人士的言论显然首先会引起反感。有时候，它们的目标针对的是那些不符合狭隘的男性魅力标准的女性：超重或衰老的女性。但总统的许多言论都显示出对女性的更一般意义上的厌恶：母乳、整容手术后的血液（在那里，他肯定不会看到血液，只看到瘀伤，可能还会缝针）。而他的听众也赞同所有这些参照物。

厌女症范畴的厌恶有着悠久的历史，并有大量的相关研究。是不是因为女性生育从而与脆弱的化身具有难以磨灭的联系呢？或者如同法学理论家威廉·伊恩·米勒所建议的那样，是不是男性把自己的体液留在了女性体内，从而把她看作是他们排出的黏性物质的容器呢？[1]谁知道呢。这些事情很难合乎逻辑。很明显的是，许多文化总体上已经把女性看作是比男性更与身体有关、更具动物性的人，并且已然认为男性唯有在约束女性并严格控制其身体机能的前提下，才有能力超越其单纯的

---

[1]　William Ian Miller, *The Anatomy of Disgust*（Cambridge, MA, Harvard University Press, 1997）.

人性。月经、生育和性的禁忌无处不在。那是一种类型的厌女症——如果我们说的是那个词的意思，它要降低女性的地位。

很明显，那种类型的厌女症与性欲是相互兼容的。厌恶往往伴随着得到满足的欲望。正如亚当·斯密在谈到男性欲望时指出："当我们吃过饭以后，我们就会吩咐把桌布拿走。"①（斯密是一位疑病患者，一直与他的母亲生活在一起直至她在她90岁生日前不久去世，没有人知道斯密曾有任何性经验，因此，他可能是在谈论自己所处的文化，而不是针对个人发表的言论。）但通常这两者之间有着更为深刻的联系：女性之所以具有诱惑力，正是因为她是"令人厌恶"的，她代表着化身，这一点令人畏惧，但也令人垂涎。西格蒙德·弗洛伊德认为，基于这个原因，所有的性欲都不可避免地与厌恶交织在一起。我相信他是错的，但事实上，他说出这一点的事实表明了这种联系以往和现在是多么普遍。

厌恶-厌女症显然受恐惧驱使，就像所有投射性厌恶一样：令人恐惧的是死亡和终有一死的化身。然而，如果女性代表令人害怕（但通常是人们渴求的）的状态，那么她们就代表不洁和不祥，并且恰恰出于那个原因，人们害怕她们，要约束与控制她们。

厌恶-厌女症与"爱心树"或嫉妒-竞争存在很大区别，它关乎"问题根源"。它之所以吸引人，是因为它触及了人们内心深处的某些东西，而不仅仅是一个单独的政治时刻的产物。但我们不必作出选择。这些事情并非互不相容，它们相辅相成，甚至相互强化。我倾向于认为，如果没有另外两个故事，恶心的故事就无法解释我们在美国目前所看到的厌食症的爆发。恐惧和不安全感永远不会完全消失，而人类的恐惧始终集中在身体与终有一死的问题上。然而，快速的社会变革似乎消除了安慰和容易得到的爱的来源，这些变革会大大加剧恐惧。而经济状况会使竞争性

---

① 　Adam Smith, *The Theory of Moral Sentiments*, ed. D. D. Raphael and A. L. Macfie（Indianapolis, Liberty Classics, 1982）, I.ii.1.2, 28.

嫉妒激增，特别是当嫉妒有一个明显的目标时：一个曾经帮助过你，而现在又接手你的工作的竞争者，这种状况也会使恐惧进一步加剧。

性别歧视是一个问题。但性别歧视的信念可以被证据驳倒。总的来说，它们已经被驳倒了。真正的问题是，许多男性决心以一切可能的方式维持旧秩序：嘲笑，表示厌恶，拒绝雇用、选举及作为平等的人予以尊重。厌女症并不是一个非常明智的策略，因为它纯粹是消极的："把那些该死的女人拒于门外。"它就像一个跺着脚的孩子：不，不，不。拒绝改变并不能解决处于工人阶层的男性的健康问题，或者帮助我们所有人把大学教育及其机会扩展到更多的人身上，这些是厌女症者自身想解决的问题。它也无法解决一个他们几乎还没有开始面对的问题：在女性的工作和成就不断增加的时代，如何以新的形式展现爱情、关爱和核心家庭。厌女症暂时令人安慰，但无济于事。

再次重申，我们需要的不是更多的这种有毒的酿造品，相反，我们需要的是能超越所谓的恐惧家庭，为了彼此更美好的未来而相互合作的策略。

第七章

希望、爱、视界

为了这座城市，我祈祷，

带着善意作出预言，

在大量的祝福中，

让生命繁盛，

在阳光的照耀下，

在地面上发芽生长。

——埃斯库罗斯，《复仇女神》

（由休·劳埃德–琼斯翻译为英文）

让我们平静地生活在这里，内心是柔软的。

让我们在我们之间的深渊上架起一座桥。

让我们爱我们的兄弟、我们的朋友，不需要有充分的理由。

让他们的眼中闪烁着微笑，就像海上的太阳。

——（美籍以色列当代作曲家）丹尼·马森，《赐予和平》

（由大卫·伯杰从希伯来文翻译为英文）

2017年6月15日，在一场国会棒球比赛中，共和党国会议员史蒂芬·斯卡利斯和一些人遭到枪击。这名心理失常的枪击案凶手显然是出于对共和党人的仇恨而开枪。这起枪击案发生之后的这些日子，或多或少都是糟糕的。每个人都在谈论我们的社会如何分崩离析，被恐惧、愤怒、厌恶和嫉妒撕裂。那么，希望在哪呢？我们如何才能拥有它？在这个充满恐惧和愤怒的时代，我们如何才能推动自己采取具有建设性的行动呢？

好吧，让我审视在芝加哥的日子里我是如何思考希望的来源的。寻找希望总是个体化的，因此，让我从我自己开始，在6月15日这一天。我首先想到我的朋友、家人和我的同事们，我们的大学社区往往承诺大家可以理性地交换不一致的观点，在平等的尊重年轻人和老年人的气氛中，我们经常表达不同看法并提出批评，左翼和右翼之间在文明地进行交往。我知道，这并非世界各地的学术生活方式。我刚从一个国家回来，那里的学者刚刚被政府的政策文件告知，他们甚至不可以在课堂上提及他们的政治观点。我目前正在写一篇关于另一个国家的文章，在那里，如果学生们为和平抗议而集会，他们将面临被随意逮捕和无限期拘留的处境。[①]因此，如果我自身在美国的困境仍然正常（不是没有问题，而是基本上没问题），那就还是有点意义的。

我还认为，到目前为止，我们政府的基本制度是合理的。就像在某些国家，法院不是理想的审议机构，但它们也不是腐败的权力工具，而且权力分立总体上运作良好。

我想到了我的城市深陷麻烦中的种族关系，过去一年枪支暴力的升级；我也想到了一些好的迹象，比如，我们新任的警察局长似乎同时得到了非裔美国人社区和警察部门的信任，因此人们可以开始期望，随着时间的推移，合理的改革会被推行（尽管难以知道，如果没有重大的枪支管制法律，他们能完成多少）。

---

① 第一个国家是以色列（在那里，代表政府立场的论文——为高校科研人员而设的"道德准则"——存在激烈的争议，尚未被执行）；第二个国家是印度，那里的形势要严峻得多，然而，捍卫国家言论自由悠久传统的人也进行了英勇的抵抗。

然而，希望需要有具体事宜作支撑，那么我的希望源于什么呢？我怎样才能拧动开关——也就是说，6月15日，星期四，从枪火和社会腐败的邪恶观念转至追求和平、和解和进步的前景呢？我认为，我的想法反映了我自己对于如何通过艺术和相互尊重的争论来追求和平与进步的执念，这并非偶然。

我想起了6月11日在芝加哥南部的圣·萨宾纳教堂由大提琴家马友友举办的和平音乐会。马友友与种族关系活动家、芝加哥最大的非裔美国人天主教教区的资深牧师迈克尔·普法雷杰合作，少数族裔占多数的芝加哥儿童合唱团也参加了演出。音乐会吸引了大量热情的人，为普法雷杰的非裔美国青年计划筹集到7万美元。普法雷杰说，没有人能停下来，"直到和平在芝加哥这个城市成为现实"。普法雷杰的终身投资和精英芝加哥交响乐团对南区的新承诺（他们安排了马友友参与其中，音乐会是一系列社区活动的一部分），给了我希望。

6月9日，在芝加哥大学的毕业活动日上，我重读了我以前的学生、来自加利福尼亚州的美国国会议员（第一任期）罗·卡纳的一篇演讲，呼吁自我检查，呼吁"平静的声音"，呼吁从喧闹与胸有成竹的政治风格退回到一种更深思熟虑的互动风格。"我们需要思考者。我们需要听众。我们需要那些对历史有充分研究的人，对简单的口号或承诺持怀疑态度。"[1]说起来容易，但我知道罗已经把这些要求和价值观，带到了他在华盛顿的工作中。这给了我希望。

我当时不在圣·萨宾纳，但我大约也在那个时间参加了一场关于和平与和解的音乐和宗教活动——在我的改革圣殿，位于芝加哥南部的卡姆·以赛亚·伊斯雷尔，这是一座拥有长期民权活动记录并为移民和其他少数民族服务的教堂。我们的指挥家大卫·伯杰——一位有天赋的音乐家，他从20世纪20年代到30年代，拯救了许多被遗忘的德国和法国犹太教堂的音乐——与我一起做了一个关于愤怒与和解的

---

[1] 作者把文本发给我，我保存了下来。

语言和音乐节目。在节目中，我讲一段会儿，接着他唱歌，来来回回地持续了一个小时，最后听众提问。伯杰是一名非裔美国男孩的养父。他唱的歌曲包括意第绪语民歌、库尔特·威尔的《星际迷航》（一部关于在南非实现和解的音乐剧），以及从莱昂纳德·伯恩斯坦《弥撒》[①]中摘录的歌曲，散发着喜悦和远见。最后是当代的丹尼·马森的歌曲《赐予和平》（又名《给予和平》，它讲述了以色列人和巴勒斯坦人之间的和解，以及所有人之间的和解）。

伯杰和我一起尽最大努力去体现政治希望的两个核心要素，正如我在这一章中所阐述的那样：充满爱的、富有想象力的愿景（通过诗歌、音乐和其他艺术），以及一种深思熟虑和理性批判的精神，体现在哲学中，但也体现在各地优秀的政治演讲中。（这种角色的划分确实有点矫揉造作，因为我在教会唱诗班唱歌，而伯杰经常进行深刻而富有哲理的布道。）在这种情况下，我并不仅仅在思考，我还试着去实践。希望不是也不可能是惰性的，它需要行动、承诺。这些事情都很小，几乎没有惊天动地的意义。我们都从日常琐事中而不是从规模大的抽象物中获得情感寄托。如果我们的生活总体上打算产生任何好的有用的东西，那么，这种情感寄托似乎是至关重要的。我整理完了自己的思绪：6月15日那一天我寻求的正是这种寄托。

界定希望

什么是希望呢？这是一种令人费解的情感。让人感到奇怪的是，尽管它很重要，哲学家却很少广泛地讨论它。一种普遍的观点认为，希望包含了对结果的渴

[①] 一部音乐剧。——译者注

望，以及对这个结果很可能出现的评估，这显然是不恰当的。[①]我们可以从三个方面说明为什么这种观点看起来是不正确的。首先，希望的确不依赖于我们对可能性的评估。即使对病情的预期并不乐观，人们仍希望自己或他们所爱的人在医疗方面得到一个好结果。实际上，随着出现好结果的可能性不断增加，希望开始显得多余，并且常常被令人愉快的期望所取代。（恐惧也是如此：当坏的结果近乎确定时，害怕演变成了绝望或宿命论，又或者是让人麻木的恐惧。）

此外，那种在困难时期抱有希望的倾向，似乎在某种程度上与最终的好结果有关（假如会有好结果的话）。如果患者或家属放弃了希望（或者错误地让希望膨胀成为过分自信的期待），那很可能意味着他们不会尝试新的治疗方法。同理，当遭遇强敌攻击时，如果国家放弃希望，那么，它就不会采取有可能最终获得成功的英勇战略。正如我们即将看到的那样，希望和行动之间的联系是重要的。

欲望—概率论存在的第二个问题是，希望不仅包括对美好事物的渴望，还包括对它的评价，认为它是重要的、值得追求的。（这个评价或许是错误的，所以我们只是谈论这个人的想法。）此时此刻，我渴望得到一个冰激淋蛋卷，而不是希望得到：（在我看来）只因它太微不足道了，谈不上用希望这个词。（当我五岁的时候，我确实希望能得到冰激淋，这是因为，在儿童世界里，冰激淋真的很重要！成年人有时也希望得到一些东西——比如，某人最喜欢的运动队获得胜利——这些东西确实微不足道，但主观上他们认为这是相当重要的，就像拿着冰激淋的孩子一样。）

冰激淋的例子引发了我进一步的思考：希望同恐惧一样总是包含着某种意义上的无能为力。现在，我渴望得到一瓶水。如果我去了有自动售货机的地下室，我会去买一个。我迟早会去的。但是我不能说希望有一瓶水，如果那么说，那就意味

---

① 阿德里安妮·马汀的著作总结了关于这些哲学讨论的历史。参见*How We Hope: A Moral Psychology*（Princeton, Princeton University Press, 2013）。我对"为人所接受的观点"的反驳与她的看法相似。

着，不知何故，我不能自己弄到一瓶水，或者说我已经习惯于让相当不可靠的人伺候着。

古代的希腊人和罗马人理解这三个层面，因此，他们没有错误地用欲望与可能性来界定希望。相反，他们认为，希望是恐惧的表亲，或者说是恐惧的另一面。两者都涉及评估一种结果并认为结果非常重要，都涉及结果相当大的不确定性，以及都涉及对被动或缺乏控制的准确衡量。因此，他们不喜欢希望，尽管他们承认希望是令人愉快的：希望流露出一种过于依赖命运的心智。"如果你不再抱有希望，你将不再害怕，"塞涅卡写道，"这两者都属于一个悬而未决的灵魂，属于一个因为关心未来而感到焦虑的灵魂。"[1]

斯多葛主义认为，我们应该对外界的一切事物漠不关心，以此使自己避免受到痛苦的打击，对此我并不认同。斯多葛主义的观点取消了太多东西，没有留下对家庭和国家的爱，没有什么东西让生活真正有意义。如果我们保持深深的爱，我们便会陷入恐惧和希望当中——有时甚至陷入巨大的悲痛之中。因此，我们应该反对斯多葛主义既不考虑希望，也无视恐惧的做法。但我们应该承认，他们认为两者具有表亲关系是正确的。在你害怕的地方，你也会有所期盼。

那么，两者之间有什么区别呢？斯多葛主义者称希望为"甜蜜的快乐"，而他们知道恐惧很讨人厌。他们也会采用隐喻，诸如，使用"膨胀"与"上升"等描述希望，而用"收缩"与"萎缩"描述恐惧。我们也是以这种方式表达的：希望有翅膀，它像鸟一样有羽毛，向上飞翔。恐怖电影配乐知道如何用音乐激起恐惧，表达希望的声音则完全不同。（我想起沃恩·威廉姆斯脆弱而可爱的《高飞的云雀》（1914年）[2]，它表达了第一次世界大战前那段危险的岁月里欧洲的希望。而在每一

---

[1]   我研究了许多从塞内卡及其他思想家那里得到的关于这个观点的例子。参见*The Therapy of Desire: Theory and Practice in Hellenistic Ethics*（Princeton, Princeton University Press, 1994, updated edition 2009）。

[2]   一译为《云雀高飞》。——译者注

种音乐类型当中，都存在着传达希望的音乐。）故而，这两种情感的不同之处显然在于，它们带给人们不同的感受，使人们产生不同的态度。希望向外膨胀，恐惧则向内收缩。

但是如果它们基本上有相同的想法——也就是说，有价值的结果是不确定的——如果不是概率造成差异，那么，造成的（或伴随着）这种感觉存在差异的这个人的思想和态度有什么不同呢？差异似乎是焦点之一。就像玻璃杯一半是空的，一半是满的。同样的玻璃杯，不同的视觉焦点。在恐惧中，你专注于可能发生的坏结果。在希望中，你关注的是美好的事物。

哲学家阿德里安妮·马汀在最近一本名为《我们希望：一种道德心理学》[①]的著作中，提出了一个非常重要的观点。马汀认为，希望更像是一种"综合征"，而不仅仅是一种态度或情感：它包含了思想、想象、为行动作准备，甚至行动。我不认为这是希望所特有的，恐惧与想象和行动也有着密切联系。而什么是希望特有的行动和思想呢？我想说，希望包含了对即将到来的美好世界的憧憬，往往也包含了到达那里的行动。其中一些行动可能类似于由恐惧引起的行动，因为避开一种坏的可能性非常近似于促成一种好的可能性。对危险的适当恐惧会使人采取规避策略，以保障安全与健康。不过，恐惧和希望之间仍存在区别。充满恐惧的病人可能会失去信心，充满希望的病人或许会更积极地寻找解决办法。尽管我们对此知之甚少，但希望本身是奏效的。安慰剂效应表明，至少在许多情况下，认为一个人会变得更好会使现状有所改善。正如我所说，希望并非建立在一些概率的信念之上，但它可能同样有效。

马汀关于希望与积极行动之间的联系的观点是强有力的，但希望并不总是以这种方式运作。有时候，希望存在惰性且不起作用，甚至可能分散工作的注意力。在

[①] 参见P153注①。

学术生活中，我们都知道那些生活在希望中的人：他们希望有一天能写出好东西，他们想象自己读了一篇自己已经写好的好文章，他们看到这篇文章开始印刷，即将刊发在《哲学期刊》上，等等。但那一类事情可能是自我放纵的幻想，甚或是开始认真工作的替代物。在这些情况下，正确的做法是，选择那些没有任何特定情感态度的工作者，而不是那些沉溺于情感和幻想中不工作的人。

接下来，我们需要区分我们可能称之为"空洞的希望"与"切实可行的希望"，它们与行动紧密相连，并激励我们承诺去行动，但马汀并没有作出区分。然而，尽管空洞的希望确实存在，但希望往往切实可行：希望所包含的美好想象和幻想可以激励我们朝着有价值的目标行动。如果没有这些积极的想法和感受，就难以继续投身到艰难的斗争中。恐惧和希望之间的差别微乎其微。就像拧开关一样，玻璃杯目前看起来是半满的。这些脑海里的画面发挥重要的实际影响，至少常常是这样的，让我做好准备，朝着有价值的目标采取行动，并说服我相信这是在能力范围内的事情。

我猜想，那就是我在6月15日所做的事情：面对铺天盖地的坏消息时，我把注意力集中于那些美好的、良善的，与建设性工作的有价值目标联系起来的和解的东西，这使我在不断追求那些目标的过程中，变得更加平静和坚定。

希望作为一种"切实可行的假定"

我们究竟为什么应该心怀希望呢？世界不会告诉我们原因。而我已经指出，希望不是一个能用概率计算的问题。人们总面临一个选择：我应该关注哪些图景？在我的脑海里，我应该产生什么想法呢？

要心怀希望的一个原因是希望有可能产生的安慰剂效应：有时候，希望本身就有可能使好结果出现。然而，政治上不存在安慰剂效应：希望那个人P或者立法者

L会使得美国再次伟大，或者改善你的就业状况或健康状况，并不会使那些结果真的出现。那为什么不闷闷不乐与愤世嫉俗，去做最坏的打算呢？这样就不会那么失望了。这听起来像是斯多葛学派的观点：不要过分在乎不确定的事情。而我们已经说过这是不恰当的，这意味着放弃爱，不管是对人民的爱还是对国家的爱。如果你提前关注你婚姻可能出现的失败，那种婚姻会是什么样的呢？因此，要心存希望的第一个原因是，它让爱和信任存留下来，爱是有价值的。

伊曼努尔·康德进一步给出论证。康德认为，在我们有生之年，我们有责任从事能够产生有价值的社会目标的行动——这些行动使人类更有可能把彼此当作是目的，而不仅仅是工具。（他的核心思想是促进世界和平。[1]）但康德也明白，并且在他心中清楚地感觉到，当我们环顾四周时，我们难以维持我们自己的努力：我们看到如此之多的不良行为，如此之多的仇恨，到处都是与我们希望他们成为与做到的相差甚远的人。他指出，如果我们扪心自问："人类作为一个整体是讨人喜欢的，还是一个可被看作是彻底失败的东西？"我们不知道该说些什么。（康德攻击的其他邪恶，包括专制君主制、奴隶贸易、自我膨胀的民族主义，以及宗教自由和言论自由的缺失。[2]）

但假如我们应该一直追求有价值的社会目标，那么，我们就应该激励自己去追求它们——这意味着拥抱希望。因此，康德总结道，我们应该选择把希望作为一种他称之为"切实可行的假定"、一种我们在没有充分理由的情况下所持有的态度，为的是它有可能带来的善行。

"尽管我可能不确定并且或许仍旧不确定，我们能否希望人类的一切都变得更

---

① 他出版的最后一本著作是《永久和平论》（1795年），但他也在更早期的著作中大量讨论了这个目标。
② 《永久和平论》攻击奴隶贸易、殖民统治和富有侵略性的民族主义；他还尽可能有力地评论他所处时代允许广泛的言论和辩论自由的重大意义：永久和平中国家间的"秘密条款"是哲学家会有能力出版与倡导的。他关于宗教的观点在《纯粹理性界线内的宗教》（1793年）中得到了最广泛的讨论，参见第五章；在此，康德倡导一种自然神论的理性主义启蒙宗教（正如他的朋友摩西·门德尔松指出，也类似于理性主义的犹太教），但他坚持宗教信仰和实践的完全自由。

好，但这种不确定性不会影响我所坚持的原则，我也依然坚信，出于实际目的而假定人类进步的可能性是必要的。这种对好时代将会来临的希望一直影响着正直的人的活动，缺乏这种希望，对共同去做一些有用的事的热切期盼则永远不会鼓舞人心。"①

康德是正确的：好的作品需要希望。当你有了孩子，你真的不知道你的孩子会成为什么样的人，他或她将会过上什么样的生活。然而，你知道你想成为一个好家长，这样，你就拥抱了希望。这是切实可行的希望，而不是空洞的希望，因为你去工作的目的是为了给你的孩子创造一个美好的未来。但如果缺乏希望的话，你能做到那一点吗？康德似乎很有说服力地指出，你不能。当你热爱一项事业或一个国家，你需要再一次拥抱希望，让它支撑你作出努力。想一想马丁·路德·金、甘地、美国的建国者、纳尔逊·曼德拉——他们都心怀希望，富有远见，他们看到了美好的未来，并积极努力去实现它。绝望甚至听天由命的态度，与大胆的行动和全心全意的工作格格不入。

我们正在谈论致力于行善的人。

希望本身是中立的：因为罪犯也会怀有希望，独裁者、逃税者、各种各样的狂热分子都会心怀希望。实际上，我们希望这些人不要抱有这么高的期望，因为那样他们就不会如此积极地追求他们的坏目标。一个懒惰、胆小的希特勒可能只会对世界造成很小的伤害，而充满希望的有远见的希特勒却会造成无法估量的伤害。我的意思是，希望对追求一个难度很大的目标至关重要。那么，假如目标真正具有价值，假如我们同意康德的观点，即我们应该以一种促进真正有价值之目标的方式来生活，那么我们就有了一个非常强有力的理由去拥抱希望。

---

① 出自康德的论文 "On the Common Saying: That May Be True in Theory, But It Is of No Use in Practice"（也常被称作是 "*Theory and Practice*"），参见 *Kant's Political Writings*, ed. Hans Reiss（Cambridge, Cambridge University Press, 1991），90。

希望确实是一种选择，一种明智的习惯。一切人类处境、一切婚姻、一切工作、一切友谊，总是好坏参半的。我们如何应对它，常常取决于我们的情感焦点。你可以一直对自己说"这是糟糕的，我很痛苦"，专注于生活中未能如你所愿的事上。又或者，你可以说"这真是太棒了"，专注于确实很棒的那一面。与之相似，面对未来，你可以说"这有可能将是一团糟，"进而带着恐惧面对未来。又或者，你可以说"这的确太美妙了"，然后，你对未来的友谊或工作怀抱希望。

希望，恐惧的对立面

我们从一开始就指出，希望是恐惧的对立面或者另一面。两者都对不确定性作出反应，然而却以截然相反的方式。基于那个原因，它们的行为倾向是非常不同的。希望向外膨胀与急剧上升，恐惧往回收缩。希望是脆弱的，恐惧是自我保护的。当然，即使置身在希望当中，可能每个人仍会有许多恐惧：我可以对我的孩子、我的友谊、我的家庭充满希望，但又担心我的健康或者朋友的健康。因此，我们在这里谈论的是指向同一目标的希望和恐惧之间的区别，在这种情况下，我们国家的未来将会走向正义和繁荣。因为希望与恐惧指向相同的结果，但它们是完全不同的两条道路，这确实就像拧开关：我不能同时对同样的事情心怀希望与恐惧（尽管我当然可以在充满希望和心怀恐惧之间摇摆）。

我从一开始就提到，恐惧与控制他人的君主欲望有关，而不是相信他人的自主独立，让他们做自己。与之相似，一个拒绝对未来抱有希望的人，很有可能是有控制欲的人，我称之为君主式的人。除非它完全与我的愿望相吻合——没有不确定性和脆弱性，否则没有什么东西是好的。这里不存在希望，这是因为我想要的东西并没有全部得到，而且我不想依靠其他不可靠的人或依赖运气。那么，希望的精神与一种尊重他人独立的精神，一种宣布放弃君主式的野心的声明，一种心灵的放松和舒张，有着模糊的联系。斯多葛学派认为，希望是"膨胀"和"提升"。诗人们把希望与翱翔联系起来。印度诗人、哲学家拉宾德拉纳特·泰戈尔曾提到一位准备结婚的年轻女性，形容她正"毫不畏惧地踏进机遇这片水域"。①那就是希望所涉。

从政治的角度来讲，民主肯定包含某种恐惧，当基本事实是正确的时候，恐惧在民主生活的许多领域都有很好的指导意义。对恐怖主义的恐惧，对不安全的高速公路和桥梁的恐惧，对失去自由本身的恐惧，所有的这些都能促使人们采取有用的保护行动。然而，对于民主计划本身的未来，充满恐惧的方法极有可能是危险的，它会导致人们寻求独裁控制，或者保护那些为他们控制结果的人。马丁·路德·金明白，如果以可怕的方式对待种族关系的未来，会让那些试图用暴力来掌控局面的人直接获益，这是先发制人的一击。他强调，希望试图打开开关，让人们在精神上仔细考虑那些能通过和平的工作与合作带来的好结果。

在6月15日，我投身到机遇的洪流当中，坚定我对一些完全不确定的事情的信念并接纳它们，带着对世界将会是怎样的憧憬：就像金所说的，"一个男人和女人可以生活在一起的世界"。如果我们真心实意地追求充满困难且崇高的目标，我们必须每天都这样做。正如康德所指出的那样，这听上去是疯狂的，但却是必要的。

希望的亲友：信念与爱

希望与其他另外两种情感态度紧密相连：信念与爱。以往基督教思想把这三者联系在一起，圣·保罗补充道，这三者当中，最伟大的是爱。马丁·路德·金遵循

---

① 这首诗写给他以前的学生阿米塔·森（经济学家阿马蒂亚·森的母亲），依然挂在她西孟加拉邦圣迪尼克坦的房间里。

基督教的教义，并非以有神论和神学的方式，而是以一种涵盖所有美国人的世俗方式，将三种态度联系起来。①

那为什么是信念呢？金的意思是什么，我们今天所说的这种世俗信念又是什么意思呢？我说过，希望并非建立在可能性之上，事实上，希望完全独立于任何关于结果可能会是怎样的特定态度。即便如此，它并非完全独立。我们需要相信，借助有缺陷的人类的努力，我们有机会实现期待中的美好事物。如果我们认为只有天堂才存在正义，将会妨碍我们此生作出努力。因此，金不得不违背基督教传统中的一个方面，敦促他的信徒相信世俗的信念，即抗议和游行等他们所做的事情能够在现实生活中开花结果，最好在他们的有生之年。否则，为之努力工作与采取冒险行动似乎毫无价值。今天我们也一样。如果我们认为民主政治已经在走下坡路，而我们的努力是在浪费时间，我们就不会抱有希望。

这种信念不需要，也不应该是乌托邦的或不现实的。我们可能不相信这个目标很快会实现，我们甚至可能并不认为它会在我们所处的时代完全实现，但我们可能需要相信，假如我们努力工作，那么有意义的进步将是合理的期待。然而，我们不能不切实际地将目标本身想象成一种人类无法维持的完美的正义。这样的一些希望时常导致犬儒主义或绝望。真实的人类和真实的人类生活是我们需要相信的，而那意味着，在信念的支撑下，对那些有缺陷的人有能力做到以及或许真的能够做到的事情我们要心怀希望。

再想一想金的演讲。《我有一个梦想》的演讲是高扬理想主义的诗篇，表达了对美好目标的信念并要求我们所有人心怀希望拥抱那个目标。然而，金真正要我们作出什么样的设想呢？仅此而已：在佐治亚州，"昔日奴隶的儿子将能够和昔日奴隶主的儿子坐在一起，共叙兄弟情谊"。这并不是说他们会在所有方面都相互达成

---

① 关于这种关联的多个例子可参见 *A Testament of Hope*（参考第三章）。

一致，也不是说具有系统性的种族主义将成为过去，只是说人们会坐在一起谈话。在我们这个时代，那是真的。仅此而已：在亚拉巴马州，"黑人男孩和黑人女孩将能与白人男孩和白人女孩情同骨肉，携手并进"。显然，那种情况当时不会百分之百发生，但显然它能够发生并且确实经常发生了，就在亚拉巴马州。在我们自身这个时代，那种情况也是真实存在的。民主党人道格·琼斯于2017年12月赢得参议院席位，击败了种族主义者罗伊·摩尔——他的成功在很大程度上归功于新近获得投票权的非裔美国选民的大力支持——这使得情况极为真实。金让我们相信，人类日常生活中琐碎的、兄弟般的小事也可能存在情谊，而不是去相信一个完美的世界。真实的生活会被装扮得很美，那就是希望所拥抱的。乌托邦主义是绝望的前身，因此，信念和希望需要就近去寻找美。

我在6月15日的想法也是如此。我的希望及与之相伴的信念依旧是无限的，它们最好是如此，而它们所关注的事情——如何改善芝加哥南部的非裔美国年轻人的生活，至少提出一些关于公共的良好的立法审议——肯定与金对南部诸州所设想的变革一样具有可能性。丹尼·马森的歌曲提倡有一种新的爱之精神，致力于搭建桥梁，而那必定是困难的——但我不需要相信每一个人都会始终爱着每个人，通常只需要爱就足以带来改变。因此，希望需要信念，但信念不需要也最好不要建立在人们不切实际的观念上。

在人际关系中，我们需要一种更微妙的信念。正如圣·保罗指出，如果信念是"尚未看到之事物的证据"，那么，在任何以非常随意的方式与他人交往的时候，我们都需要信念。也就是说，我们需要把他人当作一个人来看待，认为他们具有深度的内心体验，有自己对待世界的看法，并和我们情感相通。我们看到的只是模糊的人形，在移动并发出声音。甚至在自动操作装置成为现实之前，人们就编造了关于它们的故事，它们甚至出现在荷马的《伊利亚特》中。人们被对方的神秘深深吸引，所以他们想知道如何区分真实的人与这样一台机器。答案是没有办法区分，我们必须靠信念支持下去。借助故事、小说和诗歌，我们学会了如何赋予人形物体以人性，并且我们也很快养成了这样做的习惯。但这并非自动养成的，它总是需要一种超越证据的慷慨。在个人爱情和友谊当中，这种类型的信念至关重要，我们在政治生活中也需要这种信念。我们需要假定我们的对手具备推断能力与拥有一系列人类情感，不论这些能力和情感是否得到充分发展和使用。

那么爱又是什么样的呢？爱有很多种类型，对我们的政治对手，我们肯定不需要有浪漫的爱情，甚至不需要以友爱为特征的相互喜爱。（金就此说了无数次，以免他被人误解。）但是有一种爱与我刚才描述的信念紧密相连，一种确实涵盖了把他人看作是一个完整的人的爱，并且有能力在某种程度上为善而作出改变。

如果你对他人没有爱，那么斯多葛主义的超然生活，甚或是愤世嫉俗的绝望生活，将比充满希望的生活更合理，因为它提出许多要求。因此，在人们对希望产生兴趣之前，就有一种基本的爱。而随着形成希望的习惯，它们由爱的习惯所维持，并且进一步维持一种慷慨的精神，这种精神让我们学着看到别人的优点并期待着好事，而不是期待最坏的结果。正如金经常提到的，这种类型的爱是通过学会分清行动和行为而得到实现的。行为可能明确受到谴责，行为总是不能完全涵盖人，人有能力成长与作出改变。

难以在政治上找到一个比纳尔逊·曼德拉看到更多人类罪恶的人了。被南非残酷的种族主义压迫了大半辈子，被囚禁了27年，大部分时间都是在罗本岛的恶劣条件下度过的，他看到了大量人类的恶行。然而，在他的一生中，曼德拉始终是一个充满希望、信念和爱的人。在监狱里，通过思考人如何能为了好的结果而共同努力，他与精神上的痛苦作斗争并始终心怀希望。他以一种习惯性的方式深入思考这些事情。通过学习南非语①，他培养对压迫者的理解。②

　　这所有的一切促使他在政治上有非凡的举止，这种举止总是将行动者与行动区分开来，表明了他相信所有事情都有其内在的好的可能性。这就是他慷慨与心怀希望的举止的力量，他往往确实引发了这样的行为。当曼德拉的送葬队列带着悲伤穿行于大街时，一名白人警官泪流满面，他回忆起1994年曼德拉就任总统时，是如何被载着穿过街道的。曼德拉的车经过一群年轻的新警察时，这位白人警官也在其中，他说自己原本只有仇恨和蔑视。但曼德拉从车上下来，和所有的年轻人握了手，面带胜利的微笑，说道："我们信任你们。"③他平易近人的性格一次又一次地让人们感动到内心深处：国家橄榄球队的教练和球员（在电影《成事在人》中有很好的描述），南非安全部的负责人，甚至是在关押曼德拉的最后一个监狱——这里更像是一家酒店（因为那时候已经很清楚，曼德拉会成为总统）——为曼德拉做饭的狱卒。④如果感觉到自己有能力做好事，人们通常会尽力不辜负那种期望。

　　曼德拉的立场融合了我们的三种态度。在漫长且黑暗的岁月里，面对不确定的未来，他拥抱了希望。曼德拉是这样做的，尽管国家混乱不堪，但他始终对其前景抱有坚定的信念。他这样做不是为了实现完美的正义，而是为了最终结束种族隔离，实现多种族的民主。尽管在最深的层次上，信念和希望都是由曼德拉近乎英雄般的爱的能力所维持的：因为他看到他的同胞——不管是白人还是黑人——都有追求善的潜质，并根据那种可能性拥抱他们。

---

① 一译为"南非荷兰语"。——译者注

② 研究曼德拉思想的两个不可或缺的来源是他的自传*Long Walk to Freedom*（Boston, Back Bay Books, 1994），以及一本访谈和书信集，（追随着斯多葛主义哲学家马可·奥勒留）他把这本书命名为*Conversations with Myself*（London, MacMillan, 2010）。

③ 美国有线电视新闻网对曼德拉葬礼的报道。

④ 　John Carlin, *Invictus: Nelson Mandela and the Game That Made a Nation*（New York, Penguin, 2008），该书原名为*Playing the Enemy: Nelson Mandela and the Game That Made a Nation*。它是电影的来源，但有更丰富的材料；它包含许多这样的逸事；其他内容源自曼德拉自己在他的两部自传中的描述。

曼德拉是一位英雄人物，但我们不必在逆境中追求那种非凡的慷慨。我们只需要朝着那个方向前进，而且我们现在就可以做到，今天——养成习惯，不要把那些阻止我们的人看作是怪物，把他们看作是有思想与有感觉的真实的人，他们并不完全是邪恶的。

在我那政治上存在巨大分歧的大家庭中，我注意到这一点。我发现，人们基本上是爱我的，这一事实意味着他们不会像平时对待左翼人士的观点那样，来贬损我的观点。当然，这种从爱到倾听与交流的转变目前是脆弱的：尖刻无情的话语可能会在亲情中重现，玷污与破坏它。我确信，这种事情经常会发生。但情况也可能相反，而且我们能够加以培育：从认为人是真实的，有可能是可爱的视角出发，我们可以希望有真正的对话。

现在，让我们再考虑一下厌恶。曼德拉似乎不同寻常地一直没有身体上的厌恶。因此，他自愿去处理罗本岛监狱的废物，当他的一个狱友无法忍受做这件事的时候。这种对身体的接纳可能帮助他避免对任何人或群体——包括白人种族主义者——产生投射性厌恶。投射性厌恶是对爱和信念的一种否定。它认为，"这是动物，不是一个完全意义上的人"。南非种族主义者一直都那样认为，而曼德拉始终轻而易举地回击这种观点。但他总是坚信，尽管他的压迫者做了坏事，但他们隐约可见的形象背后，是真实的人类情感和许多好的目标。政治上的希望需要暂时搁置起来。

理论上说起来容易，要实现它却困难。我的许多学生对特朗普和特朗普的支持者充满厌恶，许多学界同仁也是如此。他们也不去把那些人设想为完全具有人性，或把他们的行为和行为背后的人区分开来。正如曼德拉和金向我们展示的那样，我们可以明确谴责种族主义，而不把种族主义者看作是无可救药的邪恶。只要我们以这种方式看待彼此，我们就不会相信未来美好会出现，我们就不会想象可能存在合作和兄弟情谊的爱。那意味着我们不会听从康德的建议与拥抱希望。

当我们力图拧动开关从恐惧转向为希望（特别是将希望与建设性工作和搭建桥梁联系起来）的时候，我们可以鼓励哪些与良好公民身份相关的做法呢？在本章开头，我问自己，就个体而言，我们社会的哪些制度给我提供了希望的理由。在这里，我要问一个不相同但相关的问题：充满希望的学校——这是我们应该鼓励与加强的共同生活领域，因为它们帮助人们维持或拥抱希望——是怎样的？大量维持与确立希望的工作是在家庭和各种个人友谊中完成的。但当我们尽力维持对美好未来的希望时，至少可以考虑五个方面：诗歌、音乐及其他艺术；批判性思维（在学校和各种成人讨论小组）；宗教团体（就它们践行爱与尊重他人而言）；专注于以一种非暴力和对话的方式捍卫正义的团结的团体；以及（通常与这些团体密切关联）关于什么是正义的理论，关于我们可以专注何种目标的说明，这些目标可以丰富我们的努力。每一项"实践"都既有反面典型，也有正面范例，但每一项实践都包含着对充满希望的未来的巨大潜力。

我将论证所有这些方面都应当辅之以第六项关于公民身份的"实践"：一项对所有年轻人提出要求的国家服务计划，在建设性服务的背景下，让年轻的公民与不同年龄、种族和经济水平的人近距离接触。毫无疑问，这在政治上是不受欢迎的，但我相信，这个解决方案是迫切且重要的。

关于希望的实践：艺术

首先，让我们深化一个主题，这个主题构成温尼科特论述成熟与我反对厌恶的观点的一部分。或许能被称作是国家诗人的沃尔特·惠特曼说道："这些州"需要诗人，因为诗人是"各种事物的仲裁者"，"他所处时代和他那片土地上的平衡者"。（《在蓝色的安大略湖畔》，第10节）惠特曼的意思是，诗人拥有我已经描述了的爱的职业习惯：换而言之，他们认为他们所看到的一切都是完满的，真实的，无限复杂的，与自我分离的。这种意义上的爱是反自恋的，决心把一个神秘的领域与无限的复杂性分给每一个"他者"，决心让每个人说话、行动与成其为自身。惠特曼指出："他看到男人和女人身上的永恒，他没有把男人和女人看作是虚幻的或卑微的。"他含蓄地比较了他的美国诗歌与其他官僚主义的做法。一个逃跑的奴隶被完整地描述为一个真实的、复杂的、有感情的人。女性对自由的渴望也被呈现出来，男同性恋者渴望得到满足。惠特曼建议，其他对政治有用的话语并不包含这种意义上的无限丰富的感觉，因此，如果我们所读的都是诸如经济学论文，我们就有可能失去一些关乎人类人性的珍贵的东西。

艺术家当然或许会有狭隘或错误的政治视界。有些艺术家已经是性别主义者，有些是反犹太主义者，有些是种族主义者。惠特曼并没有说艺术是无懈可击的。与之相反，他说的是，只要诗人确实与人诗意地交往，探索那些神秘的内心世界，并邀请我们这样做，在此，诗人就提供了一种追求民主公民身份的实践方式。

这个主题已经被很多文学艺术家加以发展。非裔美国小说家拉尔夫·埃里森在一篇介绍他的小说《隐形人》的文章中，将他的小说描述为"一条木筏的希望、感知和娱乐"，美国民主可能在这些方面"周旋于困难和漩涡之间"，这些困难和漩涡把我们与"民主理想"分隔开来。[①]木筏的形象内涵丰富，暗指了哈克·费恩和奴隶吉姆沿着密西西比河顺流而下的旅程，在旅途中，他们当中的每一个人都通过对方的眼睛，了解这个世界是怎样的，并逐渐认识到对方不是一个若隐若现的形体或者迟钝的身体，而是人类思想和感情的储存库。

埃里森的小说主要是一部关于视角和盲点的小说。他的英雄，一个不知名的非裔美国人，在小说开头说道："我是一个隐形人。"接着，他解释说，他不是鬼。他有躯体，"甚至据说拥有思想"。他是隐形的，只是"因为人们拒绝见我"。他周

---

① Ralph Waldo Ellison, "Introduction," *Invisible Man*（New York, Vintage, 1995）, xx–xxi.

围仿佛都是镜子，人们只能看到"我周围的事物、他们自己，或者他们想象中虚构的东西——除了我以外的一切"。为什么？"我所指称的那种隐形之所以发生，是因为我接触的那些人的眼睛有一种特殊的意向。这是他们内心双眼的构造问题，那双透过肉眼看现实的眼睛。"①埃里森的小说谈到了它的主要对象白人读者的心灵眼睛，它不是通过多愁善感或轻松的移情，而是借助尖刻的讽刺、荒诞不经的夸张幽默，来表达更深厚与更难达到的同情。埃里森后来的文章想表明的是，洞察力无法与虚构手法相分离。

让我最后再举一个例子说明这个主题。2017年布克国际奖获得者、以色列小说家大卫·格罗斯曼，于2017年6月11日在希伯来大学的毕业典礼上发表演说，谈到小说家在一个严重分裂的社会中所扮演的角色。（他曾获得荣誉博士头衔，并获邀代表所有获奖者回信。他用希伯来语演讲，有同步英语翻译。）格罗斯曼指出，他的创造性职业提供了"触摸无限的可能性"——并非某种天堂里的无限，而是无限的复杂性，那种"整体性——由无尽的缺陷、伴随着心智和身体上的缺点和不足组成"，以及体现任何一个个体特征的"生活中无穷无尽的可能性和方式"。接下来，他描述了他为了理解与传达他最著名的人物角色之一（奥拉，格罗斯曼广受赞誉的小说《直至土地的尽头》②的女主人公）的思想所作出的艰难努力。他感觉到，他正在试图抵达她的心灵深处，但却遇到障碍。最终，他逐步明白，问题在于他自己想完全掌握控制权，他想把一种意义强加于独立的生活。到最后，他明白了："不是奥拉必须服从我，而是我必须服从她。换句话说，我不得不放弃抵制奥拉有可能在我心中的事实。"格罗斯曼表明了，在人类无限复杂性面前，这种开放和脆弱的感觉是一个作家带给他的国家的礼物。（他获奖的新小

---

① Ralph Waldo Ellison, "Introduction," *Invisible Man*（New York, Vintage, 1995）, xx–xxi. 3.
② 一般认为，《直至土地的尽头》（2008年）是他最重要的著作。一切引用都来自他在希伯来用同声翻译发表的演讲。这些引用来自作者出于礼貌而给我的官方英译本；我保存了希伯来文和英文的译本。

说《当一匹马走进一家酒吧》谈的是另一次关于想象中的屈从力量的旅程。作为叙述者，一个充满负罪感、愤世嫉俗的单口喜剧演员，格罗斯曼从内心深处，用一种严厉的、无情的、近乎无法让人忍受的声音说话，带着比埃里森更阴暗的讽刺。）

演讲到这里转向了政治，格罗斯曼表达了他的感觉，在分裂的以色列那里，这种针对每个人完整人性的开放性正处于迷失的严重危险之中，人们感到焦虑，受恐惧驱使，充满了妨碍那个愿景和脆弱性的情感。他继续以这种风格演讲，听众席中许多人开始发出嘘声。演讲结束后，听众席上几乎没有人，只有少数人起立鼓掌——在上百名博士毕业生中，大约有10人，另外11名领奖人中有2人（一名比利时物理学家和我）。然而，那种反应并不能说明格罗斯曼的作品及其他艺术家的作品不是教导人们心怀希望。希望总是不得不从少数人开始。在我们自己的国家，让我们期待恐惧和指责并没有像今天的以色列那样已经侵蚀了希望。让我们心存希望。显然，我们需要的不是没多大意义的消遣，甚至也不仅仅是高水平但简单的同情小说，比如《杀死一只知更鸟》。埃里森是对的："木筏"不得不与"困难和漩涡"周旋，因此，它最好是困难的，通常是黑暗的，能够激起抗议与不适，泪水和感激。小说家必须警惕被那些损害他或她发声的事业所笼络的可能性。我认为对埃里森的指控是错误的。他被指控允许自己变成自由白人的吉祥物。格罗斯曼必须小心谨慎，否则他会变成（尤其是欧洲）那些仇恨以色列，并想要最坏而不是最好结果的人的吉祥物。

我已经谈论了诗歌和小说。当我们独处沉思时，它们在我们内心发挥作用。但我们也需要艺术体验，其间，我们是活跃的、积极的，一起参与创造。当人们聚在一起唱歌、跳舞，或者一起表演，又甚或是像很多孩子那样，随着光盘《汉密尔顿》一起歌唱，他们彼此同呼吸，在身体上相互接触，提升一种共同工作的感觉和快乐感。雕塑和视觉艺术等公共作品也可以让我们一起创造美，或者分享身体上喜剧般的脆弱感。参观芝加哥千禧公园的人，蹚过约姆·普朗萨设计的皇冠喷泉的两块巨大屏幕之间的水池，看到屏幕上芝加哥不同年龄和种族的人的巨大脸庞以滑稽的慢动作活动着——急切地等待着一股沁凉的水柱喷出来的那一刻，仿佛它们是从每一张脸的嘴里喷出来一样，浸湿了水池。在我们被分隔的种族历史中，水是一个强有力的隐喻。一起来嬉戏——"被"一张不同种族或性别的脸上的欢乐映照着——的邀请把我们所有不同种族的人都囊括在内，创造出我们痛苦的种族划分或许有可能被克服的形象。

我们的国家总是把自己想象成为许多不同的群体聚居的地方。但朝着真正合作的方向来克服恐惧和猜疑从来都不是一件容易的事情，而艺术为我们提供了桥梁，让我们把人的多样性看作是让人欣喜的、有趣的、悲剧的、令人愉快的，而不是可以回避的可怕命运。

关于希望的实践：苏格拉底的精神

苏格拉底曾指出，民主是一匹"高贵但行动迟缓的马"，他就像一只"牛虻"，用他的刺唤醒它。[①]他的刺要求有严格的且具批判性的自我反省。像现在一样，当时的大多数人都有许多基本上是好的信念，而苏格拉底的整个方法就是基于这一点。但像现代的美国人一样，雅典的民主主义者是粗心的、急躁的，容易过于自信地吹嘘，并且用谩骂取代争论。（过去及如今的）结果是，人们不知道他们真正相信什么：他们只是没有停下来解决这个问题。

---

① Plato, *Apology*, 30 E.（这些出自文艺复兴时期版本的边缘化数字几乎出现在所有的译本中，使参考文献具有统一性。）正如在第一章，我用"苏格拉底"来意指一组通常被称为"早期的对话"中的柏拉图式人物。这些对话通常被看作是代表了苏格拉底的历史实践。与柏拉图不同，苏格拉底是一位民主主义者，虽然他偏好一种较之雅典人当时所允许的更强烈的批判性思维。（除了一般职位以外，其他所有职位都由抽签产生。）

苏格拉底所质疑的人，也有关乎与他人相处的不良方式，与他们的自我麻木有关。他们试图进行互动的方式就像一场夸耀的比赛，并且通过在辩论中击败"对手"来寻求威望。他们说得多倾听得少。他们的声音是喧闹的、愤怒的、过于自信的。后来的斯多葛派哲学家马库斯·奥勒留将政治对话比作体育比赛，这并非偶然，在这个过程中，人们为自己的队伍欢呼，却没有人去寻求真相。

苏格拉底式的推理是一种关乎希望的实践，因为它创造了一个倾听的世界，一个安静的世界，以及一个相互尊重理性的世界。它的参与者已经达成一个共同的目标：使观点正确。拉凯斯和尼昔亚斯都想知道什么是勇气，而不是简单地编造一些关于勇气的华而不实的故事。我始终记得在1994年左右与一位年轻大学生面谈，当时我正在写我的书《培养人性》，一本关于必修的通识类文科课程的书。这个学生——我遇见他是因为，他当时正在健身房的桌子后面工作——在当地一所商学院上学，该学院要求所有学生都上一些哲学课程。他告诉我，他发现被要求去重构政治演讲和报纸社论的论点，发现当中的谬误、模棱两可或错误的前提，真的很有趣。但最让人惊讶的是，当班里就当天发生的事情进行辩论时，他被指定承担起论证反对死刑的任务，尽管实际上他支持死刑。他告诉我，在那之前，他原本不知道可以为自己没有持有的立场作出辩护。（这是我们传媒文化的一个污点，尽管他是一个非常聪明的人，但他原先没有这种想法。）他告诉我，尽力想另一方会说什么的努力，彻底改变了他对政治辩论的态度。现在，他更有可能尊重"另一方"，并对他们的理由感到好奇。当论点被提出来时，可能会证明双方都共享一些前提，我们可以理解分歧在哪里。

我们的传媒文化甚至比1994年的广播谈话文化更敌视苏格拉底。社交传媒鼓励简洁的观点脱口而出，而不是致力于进行复杂的辩论。音调通常很刺耳，仿佛人们在大声呼喊，以便被听到。人们不聆听：一切都是我，我，我。人们的注意力持续时间变得更短——已经因为我们科技的众多方面而缩减（不断查看手机、走路与开车分心），因为社交传媒鼓吹自我宣传，鼓励这样的想法，即所有值得说的话都可以马上说出来。那么，我们在哪里能找到这些苏格拉底式的希望实践呢？

在我们的学院和大学的通识文科课程中，它们通常仍然蓬勃发展。由于越来越多的人不愿意聆听令人感到不舒服的挑战声音，渴望教学不受影响，这样它就只包含学生们已经持有的观点，我有些担心。这种对安全而不是挑战和批评的要求主要来自学生，这种要求应该加以抵制。我与我最保守的同事、知名博客作者威尔·鲍德合作教学——鲍德也是宪法领域最优秀的年轻学者之一——目的是塑造一种苏格拉底式的承诺，即真正跨越我们的政治分歧。当然，课堂应该是客气有礼的，辩论不能诋毁或贬低。但这并不意味着压制那些让人感到不舒服的想法。

哲学系大多数时候仍然奉行苏格拉底式的美德，我们的一些顶级哲学出版商已经鼓励准备一些以学生为对象的"正反"书籍，这些书籍以一种具有吸引力和客气有礼的方式提出难题。在其他类似的书籍中，你可以找到关于气候变化的有价值的讨论，比如斯蒂芬·M. 加德纳和（我的同事）大卫·魏斯巴赫的《气候伦理学的辩论》（牛津大学出版社）；瑞安·安德森、约翰·科维诺和谢里夫·吉纪斯的《宗教自由与歧视的辩论》（牛津大学出版社）；约翰·科维诺和麦琪·加拉格尔的《同性婚姻的辩论》（牛津大学出版社）；克雷格·邓肯和蒂博尔·马坎的《自由主义：支持与反对》（罗曼与利特尔菲尔德出版社）。我们应该赞扬这些作者牺牲他们的时间，并且经常牺牲他们用专业成就来寻求威望的机会（因为以教学为目的的书籍不是威望的来源）来从事这一公共服务。两个特别值得提及的人（在许多人当中，以此为例）是哲学家约翰·科维诺———一名同性恋者和一流的哲学家，他以幽默、机智和非常充分的论据，在全国各地与保守派对手进行辩论；以及他的对手——研究犹太思想的伟大学者大卫·诺瓦克，他通常是在他非常孤立与不受观众欢迎的场合，也是以极好的幽默感、礼貌和友好，兴高采烈地参与反对同性婚姻和其他自由主义事业的辩论。终身教职的人不必做这种事情，他们唯有通过践行希望的满足才能获得该殊荣。

在学院之外，美国人在哪里能找到苏格拉底呢？在欧洲，成年人热衷于哲学咖啡馆和公共讲座。在美国，一场书谈活动大约有30人参加，而在荷兰，通常都有400到500人参加——而且那些人要买票！这常常让我感到惊讶。美国成年人确实热切地寻找人文学科的继续教育课程，公共图书馆和书店（为亚马逊时代的到来而重塑自我）越来越多地满足我们面对面交流的渴望。但美国是一个因空间广阔而妨碍交流的国家，我希望我们能找到策略，在主要的市中心以外让人们能融入对话。（不再开车的老年人的孤立是这个问题的一大部分，我们希望自动驾驶汽车的时代将迅速减少孤立。）在这个问题上，我见过的最好的尝试来自大学和学院自身，为它们的社区创造系列讲座和研讨会。只需举一个例子，密歇根州的大峡谷州立大学有一个非常好的重在辩论的讲座系列，在这个系列中，一笔适度的捐款还为人们提供了一个机会，让他们有机会在一个特别的招待会上与演讲者坐在一起。许多公立大学都有类似的项目，旨在将"城市"带到校园。这不是奢侈品，这已在国家中成为一个负责任的教育机构的一部分。

我补充一点，教堂和犹太教堂所赞助的活动中也包括具有哲学性和以讨论为目的的活动。此前，我在芝加哥的老圣·帕特里克教堂进行演讲。那是一座美丽的罗马式建筑，是1871年大火前为数不多的芝加哥建筑之一。教堂建立于1846年，是一个爱尔兰裔美国文化的重要据点，现在举办各种各样的活动，包括一个天主教同性恋者组成的活跃团体，以及一个犹太-基督教教徒婚姻的团体。而他们的其中一项承诺是哲学，他们吸引了大量不同的公众参与这样的讨论。我的犹太教堂也是这样做的，它会举办语言和音乐节目。这引出了我的下一个话题。

关于希望的实践：宗教

当生活存在危机时，宗教以多种方式让人们的生活继续下去，并且常常作为希望的来源——不仅仅是希望得到救赎（如果宗教谈到救赎），而且还希望在这个地球上我们彼此相互依存。让我们回到伊曼努尔·康德。他认为，为了维持我们对他人的爱、道德和正义的行动，我们全都有责任拥抱希望。康德还认为，孤立地维持对这些目标的承诺是非常困难的，但在一个有着志同道合的人的群体中，这是很容易的。因此，他还指出，每一个人都有义务加入这样一个团体。他认为，这个群体必须是一个教会，由某种类型相信更高权力的信仰联合在一起。

作为18世纪的人，康德不是很喜欢传统宗教。他认为，它经常产生分裂，鼓励不道德的行为。故而，他认为正确的教会必须很好地融入苏格拉底式的批判性论证，以阻止人们盲目地追随权威，并且让他们独立思考。但他确实认为，最好由正确的教会，而非诸如公民团体或社会团体等来推动并实现希望。

我认为，这是康德所犯的大错误。他过于坚持宗教理性主义，蔑视人们通过直觉、情感和信仰与合理的原则建立联系的多种途径。尽管他正确地看到了宗教权威的巨大危险，他却错误地完全拒绝它，现实的人有时候需要世俗的宗教领袖。最后，就教会和国家之间的联系而言，他错了：他认为政府应该允许完全意义上的宗教自由，但应该只给他喜欢的宗教发放补贴，这在我们的民主社会是难以接受的。

即便如此，康德的基本观点似乎是正确的。孤独的状态难以产生希望和坚定的行动，而宗教团体是人们找到一个确立希望与维持希望的社区的主要途径。我的叙述聚焦于在种族分裂的极为艰难时期黑人教会在维持希望时发挥的作用，这并非偶然。如果没有想起那些经常一起去教堂的人，以及他们在牧师的教导下所寻求的无条件的爱，那么，我们还能够想象那些南卡罗来纳教会的成员对白人至上主义者迪兰·鲁夫的谋杀没有报复性的与体现爱的回应吗？在我自己的犹太教会的故事中，一个即使在人口统计方面与众不同的、享有更多特权的群体，也是一个伴随着人类生活（芝加哥生活、美国生活）中一切冲突和争斗的群体，这个群体在维持对许多人的希望方面发挥了关键作用。

我们应该在这个程度上追随康德：我们应当经常问自己，我们的宗教正在把我们带向何方，以及那个目标是否与所有人的爱和一个体面国家的未来相容。但爱通常遵循在记忆中产生深刻共鸣的仪式路线，而我们应该只是在一定程度上像苏格拉底一样具有怀疑精神。

哲学家有时对宗教和宗教人士表示蔑视。这就是他们在我们这个笃信宗教的国家，没有什么公众影响力的原因之一。我们的同胞信仰宗教的行为既不愚蠢，也不能说不道德。我们必须祈求，每一个信奉宗教的人会在那里找到充满包容性和爱的希望的因素，而不是具有分裂性与报复性的成分，这似乎和任何好事一样是可能的。哲学本身表明我们可以如何尊重我们的敌人，但它并没有向我们展示如何爱他们。基于此，我们需要艺术，而我们当中的许多人需要宗教。

关于希望的实践：抗议运动

对正义心怀希望与想让希望激励他们朝着正义的方向进发的人，通常需要某种比宗教更实际的东西（尽管它可能是宗教的产物）。他们需要这个世俗的运动，给他们一种在一项好事业中团结的感觉。马丁·路德·金知道，在种族歧视的美国，对非裔美国人而言，最大的危险之一就是绝望。他的运动吸引了这样一些人：加入我们，追求我们的梦想。妇女运动、恋爱的权利运动，都让原先被孤立的人加入共同体而具有了一系列目标，并培育着希望。

诚如金清楚地知道，运动有多种形式。他自己给人希望的非暴力运动与马尔克

姆·埃克斯的报复性和潜在的暴力运动截然不同。与之相似，甘地反对印度教右派
倡导的暴力报复观念。他被那场运动的一个成员暗杀了，这个成员认为甘地因反对
报复性暴力而使印度男人变得柔弱。大部分大规模的抗议活动中都曾发生过类似的
斗争。因此，在这里，就像宗教一样，我们认同的不应该是属类，而应当是以希望
为导向和以和解为导向的种类。①我认为，"黑人生活物质运动"在大多数时候都追
随着金，但也有一些时候倾向于马尔克姆·埃克斯的立场——那并不能促进希望或
和解。同样地，妇女运动也包含了把其他女权主义者妖魔化的声音，并试图剥夺她
们发言的机会——与之并存的是，更加苏格拉底式和具有包容性的声音。恋爱的权
利运动曾经有过一些充满仇恨的时刻，但总的来说，它是坚定捍卫爱而反对仇恨的
典范。奥兰多大屠杀之后那场颂扬爱的公共活动，数百对爱人及其朋友和支持者走
上奥兰多街头，悼念死者——并表明爱比仇恨更强大——就是一个生动说明团体成
员如何能够给希望以力量的例子。

　　一些朝着正义进发的运动是全国性的。许多运动更带有本土化。在战胜恐惧和
绝望及滋养希望方面，草根组织或许是我们国家最伟大与持久的资源之一。

关于希望的实践：对正义的论述

　　对国家未来心怀希望的人需要有一种对他们正在为之奋斗的目标的构想。但不
应该仅有诗意的想象，这是个好主意。这是哲学在民主生活中能派上用场的另一个
地方。自从柏拉图写了《理想国》，哲学家们已经作出关于公正社会的论述，为这
些论述提供了详细的论据，并展示了一幅关于好的或公正的社会及其法律如何从大
多数人似乎接纳的假设中得出来的特定图景。到目前为止，我们有丰富多样、各种

---

① 在中文表述中，genus与species都有"种类"含义，但实际上，前者侧重"属类"，后者指称"种
类"。——译者注

不同类型的相关论述：社群主义的、马克思主义的、自由社会民主主义的、自由主义的。对这个时代的我们而言，尽管从截然不同的理论中总是可以学到很多东西，但我们需要的是一种支持某种类型的自由民主的理论——允许言论、出版和宗教方面有充分意义上的自由，以及由人民统治意义上的民主，尽管这显然不排除法院和行政官员在发挥重大作用，但他们更多的是间接对人民负责。

然而，公正自由的民主社会有多种不同图景。通识教育经常提供的另一种东西是与其他学生理解、分析和辩论这些理论的机会。我们应该提供更多的公共空间，在这里成年人也能这样做。关于所有公民都拥有什么样的权利的理论存在很大差异（它们包括诸如医疗保健权利等社会权利和经济权利吗）；关于所有权和再分配的正确解释（比如，多少税收与对所有权的应有尊重是相一致的）；关于宗教自由、言论自由和新闻自由的更确切定义，我们自身的最高法院不断对此进行辩论。

其他理论当中的一个理论是用于界定正义的"能力进路"，我在这方面已研究多年，共同创立了一个国际协会以推动其进一步的研究和实施。这条进路的基本思想是以"能力"观念界定基本的人类权利，或者所有公民在某种意义上可接纳的最低限度必须拥有的真正机会——假如相关社会被看作是拥有最低限度的公正。接下来，我力图论证一张包含十大核心"能力"清单的合理性，这些能力可以在每个社会都得到更具体的界定。这是目前的清单：

核心的人类能力

1. 生命。有能力活到正常人类生命长度的尽头；不会过早死亡，或者由于不值得活而过早地缩短生命。

2. 身体健康。有能力享有健康，包括生育健康；营养充足；有充足的庇护所。

3. 身体完整。有能力自由地从一个地方搬到另一个地方；没有受到暴力攻击的危险，包括性侵犯和家庭暴力。

4. 感觉、想象和思考。有能力运用感觉、想象、思考和理性——并能以一种

"真正的人"的方式做这些事情，这是一种经由充分教育而被告知与培育出来的方式，包括但不限于文学、基础数学和科学训练。在体验和从事基于自身选择的工作和事情时，如宗教、文学、音乐等，能够运用想象力与进行思考。能够以一种保证政治和艺术演讲的表达自由得到保护的方式，运用其心智。能够拥有愉快的经历和避免没有收获的痛苦。

5．情感。有能力爱慕除我们之外的人或物；有能力爱那些爱我们和关心我们的人，为他们的离去而悲伤；总之，有能力去爱，去悲痛，去体验渴望、感激与合理的愤怒。不要让恐惧和焦虑给你的情感发展蒙上阴影。（支持这一能力意味着支持各种人类友谊形式，这些形式在他们的发展中显得至关重要。）

6．实践理性。有能力形成一种善观念，并对人生规划作出批判性反思。（这使得对良心自由的保护变得必要。）

7．依存。

A．有能力与别人一起生活，并对其他人表示认同与关心，参加各种形式的社会交往；有能力设身处地为他人着想。（保护这种能力意味着，保护组成与滋养这样一种联系形式的机制。）

B．具备自尊和无羞辱的社会基础；有能力被视为有尊严的个体而对待，其价值与他人的价值相等。这使得（基于种族、性别、宗教、民族的）非歧视性成为必然。

8．其他物种。有能力关心动物、植物及自然世界，并与它们共同生活。

9．玩乐。有能力笑、玩及享受娱乐活动。

10．控制自身环境。

A．政治的。有能力有效地参与管理生活的政治选择；有政治参与权，言论得到保护。

B．物质的。有能力保有财产（包括不动产和动产），在与他人平等的基础上拥有财产权；在与他人平等的基础上有权寻找工作；有免于未经授权之搜查与追捕的自由。在工作中，有能力作为人来开展工作，运用实践理性，并与其他工作者建立有意义的相互承认关系。

重点在于能力而不是实际功能，因为理论赋予选择非常重要的意义。当可以获得足够的食物时，人们可以出于宗教理由选择禁食，但禁食与挨饿存在很大区别。我认为这个理论是宪法原则的合理基础。在一些问题上，特别是关于残障者权利的问题上，我已经作出论证，认为它比约翰·罗尔斯的著名理论更合理，它在大多数正义领域都极为有力与卓越。[①]因此，我心怀希望，我关注一个我多年来已进行研究的理论，这个理论对我们应该做什么的问题有明确的意义，我努力把它呈现出来。

尽管大多数人显然都不是专业的哲学家，但我认为，所有人都得到令人满意的建议，去研究理论上的替代方案并进行辩论，找出他们认为最好的那种政治目标的论述。目前，很多美国人不同意我的观点，他们会认为我的观点近似欧洲式的社会民主主义，例如认为医疗保健是一项基本的社会权利。值得注意的是，在我经常访问的德国，即使是主要的保守派政治家也在敦促，要作出慷慨的支持，不仅用于医疗保健，还用于残障者的保健和教育——他们认为这是成为基督教民主党人的一部分，目的是照顾弱者与照顾家庭。当我有一次被要求向德国联邦议院（或者说议会）的一个小组委员会提供发展政策方面的建议时，我发现，左翼和右翼都对规范有着相当深刻的认识与细微的差别。要说真有什么的话，右翼有一种更深刻的哲学倾向，向我询问关于阿奎那和规范政治理论其他文本的问题。正如我相信，如果德

---

① 参见我的 *Frontiers of Justice: Disability, Nationality, Species Membership*（Cambridge, MA, Harvard University Press, 2006）。在更早的时候，我发展了这条进路，参见 *Women and Human Development: The Capabilities Approach*（New York, Cambridge University Press, 2000）。对这条进路的言简意赅的一般性介绍（其中也描述了其他思想家的贡献）参见 *Creating Capabilities: The Human Development Approach*（Cambridge, MA, Harvard University Press, 2012）。罗尔斯的观点，参见 John Rawls, *A Theory of Justice*（Cambridge, MA, Harvard University Press, 1971）。

国目前是世界上最能抵御恐惧与保持平衡的国家之一，那很可能是因为双方的政治家们都真正坐下来思考，而不是在背后说三道四。

我认为，对所有美国人（不仅是官员，还包括选民）而言，在进入一场激烈而艰难的政治辩论之前，弄清楚他们对这些问题的真实看法将是一个好主意。如果希望关注社会合理公正的具体图景，人们准备用有效的论据来捍卫它，并反对替代性图景，那么，明智地提出一些措施便是容易的事，也更容易看出什么时候与反对派的妥协是合理的，什么时候这些妥协会危及正义本身的某些内在的东西。

兵役的重要意义

到目前为止，我已经谈到了美国已有的生活方式，尽管它们可以且应当变得更加富有活力。但美国生活中存在一个这些"解决方案"没有提到的大问题。我们之间分开住。至少在大城市中心以外，而且经常在那里，大多数美国人在周围存在种族隔离和阶层隔离的环境中长大。自由恋爱者现在在美国生活中随处可见，因为那种身份跨越了分歧和差异，在残障者那里，情况也是如此。我相信，日常接触是解释这两种运动取得进展的重要原因。在种族和阶层方面，没有与此相当的进步。（性别是唯一复杂的，这是因为接触是亲密的，但真正的平等需要家庭的变化，这是大多数人生活的主要部分。）

第二个大问题是，美国人缺乏公共利益的意识。他们总是自恋地想，什么对我和我的家庭有好处。这不是什么新鲜事：每一个国家——不管是古代的抑或是现代的，都不得不与人们视野的狭隘性及自我关注作斗争，目的是有意义地描述共同目标。有些国家通过战争做到了这一点，但显然，那并不是让大家走到一起或感觉到我们都投入到彼此身上的最吸引人的方式。

这两个问题相互关联，因为人们无法跨越主要的分化而彼此相遇，他们难以在自身的经济或族群之外，朝着共同的目标进行思考。

　　我相信，一项具有强制性的青年国家公务员计划，以一种吸引人的且确实必要的方式在处理这两个问题。我的计划模仿了德国此前的国民服役要求，[①]但完全是国家的，是对所有年轻人的要求。我的计划是最好给年轻人登记三年，派他们去做全美国迫切需要做的工作：照顾老年人，照顾儿童，基础设施工作，必需把他们送到在地理上和经济上不同的地区。我没有详尽的计划。一些合适的企业家需要这么做，既然现在在政治上不受欢迎，首要的事情是必须把它推销给人们。如果表达合理的话，我们欠国家一些工作和时间的想法，是一个非常令人信服的观念。这种观念已植根于所有主要的宗教和世俗伦理当中。在一个政府不断缩小的时代，我们只是缺少人力来从事许多必不可少的服务。

　　我想法的潜台词是，年轻人会在他们国家里看到人的多样性，就像在第二次世界大战期间，士兵们在服役期间学到的那样，只是我的年轻人会尽力帮忙，而不是杀戮。在那些有价值的服务行为当中，他们也将以一种新的方式了解这个国家。耻辱感通常建立在缺乏紧密联系的基础上，这就是为什么随着全国各地年轻人参加活动，对自由恋爱者的耻辱感迅速减少的原因。

　　人们通常不谈论兵役问题，因为他们假定这在政治上是不可能的。但如果人们不谈论它，那它就肯定是不可能的。因此，我开诚布公地把它呈现出来。

为何要为希望费尽心思？

　　斯多葛主义和愤世嫉俗[②]是对希望的持久威胁。愤世嫉俗者嘲笑希望者浪漫的

---

① 德国的社会役与兵役一道于2011年结束；它一直被看作是替代兵役的另一种选择，因此只强制男性参加。
② cynicism一词可被翻译为"犬儒主义"或"愤世嫉俗"。鉴于纳斯鲍姆声明，她是在现代意义上使用相关词汇，故译为"愤世嫉俗"。——译者注

梦想。①斯多葛派没有那么明显地公开的敌意，但他们从生活水域回缩到孤立超然。斯多葛主义者向我们承诺内心的平静、自豪的独立，以及相对于机运的高贵优越感。愤世嫉俗者认为，不管怎样，这个世界并没有那么重要。

在此，我回到西塞罗。他的最后一部作品《论义务》，是他在一次又一次地搬家时写的，试图躲避马克·安东尼派来的刺客，这是因为西塞罗支持布鲁图斯和卡西乌斯的赞成共和、反帝国阴谋（刺客此后很快就追上他，割开了他的喉咙）。在这部写给儿子（一个并非让人印象深刻的年轻人，但他更聪明的女儿不久前死于难产②）的作品中，他为忠诚于公共服务的生活作辩护，也谈到它对未来的希望及积极努力。他承认，"最高贵、最杰出的哲学家，以及某些不能忍受人民或他们领导者之行为的严厉且严肃的人"选择了超脱的、不考虑希望的生活。（对我而言，这太熟悉了。）他接着说，他们所追求的东西明显是吸引人的："他们想要国王想要的东西：不需要任何东西，不服从任何人，享受他们的自由，这被定义为随心所欲。"

西塞罗对这些人较为温和。他指出，假如人们健康状况不佳，甚至是假如他们沉浸在某种重要的知识追求当中，那么，脱离政治是可以理解的。（他最要好的朋友阿提库斯就是摆脱政治的人当中的一员，因此，他不得不留有后路来表达他朋友的爱。）西塞罗深知心怀希望的依恋和忠诚所带来的痛苦：他经常在信中记录他对罗马共和国所发生的事情的深深不安与悲痛。超然的生活"更容易与更安全"。

西塞罗说，尽管如此，这些人犯下了或许可被称为"消极不公正"的过错：不积极追求正义的不公正，即使那是非常困难的。他们也缺乏慷慨以及伟大的精神。

---

① 　在此，我表达的是"cynic"一词的当代含义。古希腊和罗马的犬儒主义者在他们的哲学思想上接近斯多葛主义者。

② 　西塞罗的女儿死于公元前45年，《论义务》成书于公元前44年，西塞罗于公元前43年被刺杀。

他们没有为公众利益服务。实际上，西塞罗的观点与康德的观点相一致：我们应该为公共利益服务，我们最好成为能够坚持那样做的人，而不是畏首畏尾的人或精致的超凡哲学家。在他短暂的一生中，[①]我们看到西塞罗与自身的恐惧、劳累、胃病、绝望的诱惑作抗争，总是带着对忠诚服务的新希望走出来。

它部分地关乎正义，但正如我们在阅读他对罗马的看法时所理解的那样，它主要关乎爱。

---

① 当他被杀害时，他63岁。但他的著作《论老年》清楚地表明，在他看来，典型的老年人大约80多岁。对（比他大三岁的）阿提库斯，他评论道，他们两人都不是年老的，但即将成为老人。参见该书中讨论西塞罗的论文Nussbaum and Levmore, *Aging Thoughtfully*。

索引

以希望引导恐惧

玛莎·纳斯鲍姆

谢惠媛

玛莎·纳斯鲍姆（Martha C. Nussbaum）是芝加哥大学恩斯特·弗洛因德（Ernst Freund）法学与伦理学的杰出贡献教授，美国当代著名哲学家。她曾担任美国哲学协会国际合作委员会、女性地位委员会和公共哲学委员会主席，获得全世界56所学院或大学授予的荣誉学位。2016年，她受邀担任美国国家人文基金会设立的杰斐逊讲座主讲，并于同年获艺术与哲学领域的"京东赏"——这是众多非诺贝尔奖殊荣中最具声望的荣誉。2018年，她赢得了博古睿奖（Berggruen Prize）。迄今，纳斯鲍姆已出版20多部著作，在哲学、政治学和法学领域均有建树，尤其在能力进路、政治情感和社会正义等方面的研究影响显著。作为笔者在芝加哥大学访学期间的合作者，纳斯鲍姆教授于2018年5月接受访谈，阐述了她对恐惧和爱等情感问题的最新看法。

问：感谢您接受本次采访，也感谢您与我分享即将出版的新著。您对情感特别是政治情感问题尤为关注，能否请您先简单地谈一下为什么会对这类问题如此感兴趣？

答：当我还在读高中的时候，就被情感这个话题所吸引。例如情感的本质是什么，它们在伦理生活中扮演什么角色？而我之所以专注于希腊悲剧和希腊哲学，是因为它们在这个问题上提供了深刻的见解。情感是人类生活中最重要的问题之一，但英美哲学往往忽视它，希腊哲学则不然。

问：与理性主义者不同，您不仅高度关注情感，而且致力于建构一种认知评价性的情感理论。那么，情感在何种意义上是认知性的，同时又如何能够接受评价？

答：总体上，我认为情感体现了人们怎样看待那些外在于己并关乎福祉的事情。以悲伤为例，要有悲伤的情感体验，你就必须关注那个已经离开尘世的人，必须相信他已死去，而且也会从你自己所"关注的圈子"的角度来高度评价他。而这个"圈子"表明，对你而言，什么东西是重要的。这些评价可以成为批评的对象：比如，我可能认识到一些事实性错误，那个人实际上并没有死去；或者我可能认识到我高估或低估了那个人。再比如恐惧。在某种程度上，恐惧和悲伤具有相似之处。所谓恐惧，是你认为某些严重的危险正在迫近，而你没有能力完全避开它。恐惧是最原始的情感，与我们通过遗传获得的进化性反应关系最为密切，而这些反应并非总是被有意识的思想所调节。但这并不意味着它不包含任何想法，而是说对危险的考虑有时候是非常原始、未经深思熟虑的。当然，我们可以形成更复杂的恐惧情感，比如害怕民主制度遭受破坏。但原始的恐惧常常是作为背景知识潜在着的。对政治家而言，进行政治操控的一种方式是，把某个真实生活中的处境（例如移民）与那些害怕突然出现的危险或与遗弃相关的原始恐惧情感联系起来。

问：斯多葛主义者认为我们应该去除情感。对此，您并不赞同。但您在《思想的激荡——情感的智性》（2001年）等著作中又持有一种新斯多葛主义的立场。那么，您在何种程度上赞同斯多葛主义者的观点，又在何种意义上不同意他们的看法并希望作出完善呢？

答：在情感分析上，我十分赞同斯多葛主义者的观点。他们认为情感包含价值评价，这些评价说明，超出我们控制范围的人或事对我们的福祉具有非常重要的意义。与此同时，我的确想作出一些修正。第一，斯多葛主义者坚持认为情感常常涉及语言学上可公式化的命题判断，但我认为所有动物都有情感，这是因为它们都拥有承载了价值的感知，即能感知事情如何与那些对它们的福祉重要的事物发生关联。在这个方面，我从弗朗斯·德瓦尔（Frans De Waal）的大量研究中得到很多有用的信息。另外，科学家们对大象、鲸鱼、猩猩等动物的研究也启发了我。第二，要重视文化和历史在塑造社会的情感时所发挥的作用。情感与文化实际上是相联系的，它的内容在很多方面源于周围的文化，通过各种途径受到文化的影响。而这种文化的丰富性也涉及我刚才提到的那些动物。第三，要从发展的角度来思考情感，把成年人的情感追溯到婴儿原初的情感。我赞同马塞尔·普鲁斯特（Marcel Proust）的观点，现在和过去并非毫不相干，我们的现在通常是以往经历的拼接。人有什么样的情感，以及它们是如何相互交织起来的，都对人类历史有深远影响。

不过，我完全不赞同斯多葛主义关于情感的规范性批评。他们认为，超出控制范围内的事情对我们的福祉并不那么重要，因此我们应当去除所有主要的情感。而我同意我们在进行价值评价时常常犯错，有一些情感类型（如厌恶、嫉妒、报复式愤怒）尤其存在问题，此时我确实认为一幅关于价值的合理图景会为悲伤、同情和恐惧留下很大空间。

问：在分析情感时，幸福（eudaimonia）和脆弱性（vulnerability）是您经常提到的两个概念。它们如何支撑着您的理论呢？

答：我的整个学术生涯都围绕着这些概念展开。在希腊文中，幸福被用来指称一种完满的、具有生机活力与蓬勃向上的生活，而脆弱性包含的则是我们平常使用的那种意思：会受到外在于你自身的某人或某事的伤害。在我的理论中，人会对生机勃勃且繁荣向上的生活充满渴望，情感正是从这个角度来评价世界的。就此而言，一切情感都与幸福相关。与此同时，我们所有人都是脆弱的。而当我们看重那些在我们控制范围以外的人和事时，情况更是如此。斯多葛主义敦促我们不要看重这些"外在的东西"，应当看重我们自身的理性和意志。但我认为，这样做会导致生活质量的下降与恶化。

问：您说能力进路理论能够帮助人们面对与改变一些人为造成的脆弱性，那么，这种作用如何体现在情感方面呢？而在您的核心能力清单中，情感也被纳入其中，是构成清单的一个重要组成部分。那么，能力进路和政治情感之间是如何发生关联的？在这方面政府应该做些什么事情来使人们的情感能力满足最低限度的要求呢？

答：请记住，能力清单是政治原则的一个来源，而不是对人的生活的全面描述。因此，情感在能力清单中所扮演的角色并没有完全涵盖它们在人的生活中所发挥的作用，也不是我所思考的全部内容。我只是追问，一个合理公正的国家必须为它的人民创造什么样的情感环境。其中一个答案是，在这样的环境中，人们不会因为极度的恐惧而失去能力，例如他们的健康和安全；在这样的环境中，家庭的爱受到合理家庭政策的保护；在这样的环境中，孩子们可以在爱和同情的氛围中成长，而不是在恐惧和伤害性的愤怒中长大。这些都非常具有现实意义。例如，当并非所有人都能获得医疗保险时，就会出现令人无法接受的恐惧；当警察的行为带有种族主义色彩时，人数较少的群体就不能感受到爱，也无法有尊严地活着。

问：我们知道，您于2016年受邀在美国国家人文基金会设立的杰斐逊讲座上发表演讲。您的新书《恐惧的君主统治——一个哲学家思考我们的政治危机》（即本书的原书名），也提到了一些您曾在演讲中讲述的内容。我想知道您为什么撰写这本书，您想通过它说明什么问题呢？

答：我在杰斐逊讲座所作的报告确实是这本新书的其中一个章节。在2016年大选以后，我关注恐惧和敌视的氛围以什么样的方式危及与损害社会的民主，因此我写了这本书。而且回顾一下自己以往的著作，我发现，我逐项探讨情感，以及针对每一种情感单独成书的习惯，导致我遗漏了很重要的问题，即在形成其他所有情感时，恐惧所扮演的生成性角色，以及它所发挥的有害作用。我的基本论点是，恐惧是早期的和原始的情感，它是作为有智慧的生物在一个我们不能掌控的世界里对自身的无助产生的反应。当我们变老的时候，我们学会了克制恐惧，有时通过能力，有时通过互惠与合作。然而，原始的恐惧仍然在背后潜在着，通过意识到死亡，这种恐惧会愈发加重，继而会毒害其他情感，让它们在政治上变得有害并具有破坏性。

问：您所说的"毒害"似乎反映了不同情感之间的密切关联。实际上，在此前的著作中，您已经多次谈到了恐惧，其中包括《新宗教不宽容——在一个焦虑的时代克服恐惧政治》（2012年）和《政治情感——为什么爱对正义如此重要》（2015年）。而在这本新书中，您不仅集中论述了恐惧，而且用了近乎半本书的篇幅强调了它与愤怒、厌恶及嫉妒之间的关系。从结构编排上看，这本书与您以往的著作有很大的不同。在我看来，您关注这几种情感之间的内在联系是正确的，因为不同情感常常交织在一起同时呈现。比如，愤怒实际上暗示了有些东西对我们是重要的，而我们害怕失去它们。这就意味着，愤怒并非单独存在，而是与恐惧相伴随，或者像您所说的那样，恐惧是作为背景知识存在的。

答：完全正确，所以我决定去研究这些情感之间的内在关联。可以体会的是，当我们感到无助的时候，我们会抓住愤怒，通过责备和寻找替罪羊来控制局面；我们通过厌恶来使别人处于从属地位；我们会变得满怀嫉妒之情，渴望剥夺别人获得生活中美好事物的机会。因此，我从恐惧本身出发，然后再反思恐惧在塑造愤怒、厌恶和嫉妒时所发挥的作用，表明为什么它们在政治上是极其有害的，以及怎样避免它们。继而，在谈论厌女症的那一章，我会表明恐惧-愤怒、恐惧-厌恶、恐惧-嫉妒，如何混进我们现今的政治时刻——当涉及女性问题时，这种时刻往往是令人厌恶且充满暴力的。最后，我谈论了希望，以此结束。不过，由于这是一本字数不多的小部头著作，只有6万字，我不得不写得很简洁，另外我之前的一些著作也写到了其中的一些情感。

问：您在您称之为"政治危机"的特殊背景下分析了恐惧这一情感，这无疑会让您的想法更具有实践性，并且帮助人们反思他们所处的时代。但您在书中提到的一些社会问题已存在了很长时间，而您的基本见解和建议即便在政治问题并不是那么严重的时候也同样适用，那么，您在什么意义上把这种背景理解为政治危机呢？

答：的确，我所讨论的事宜在一个相对平和的时期也是适用的。这也是我在书中集中关注历史案例，而不是那些很快会过时的当代例子的原因之一。然而，就像很多人看到的那样，在欧洲和美国，民粹主义浪潮是一个突出问题，社会的两极分化也与之相伴。支持民粹主义的一方，对移民、女性和在种族上占少数的人产生的恐惧，导致了寻找替罪羊的冲动并产生了敌意，导致他们相信一个被看作能把"我们"从这些危险中拯救出来的万能领袖；另一方则存在着对民主未来的恐慌，这很容易报复性地产生将民主妖魔化的倾向，而不是导向有建设性的政策。在奥巴马最后的演说中，他说道："如果我们屈服于恐惧，民主就会崩溃。"虽然他说这句话时，我已在写这本书，但我们以相似的方式看待我们的处境。

问：也可以说，这场危机对美国的民主构成了威胁。在这个大背景下，您把恐惧与君主制联系起来。那么您所理解的君主统治有什么特点呢？您又是如何把它与恐惧、民主关联起来的？另外，霍布斯的政治哲学也提到了君主制与恐惧，并把两者密切关联起来。您对此又有何看法呢？

答：我不想过多地谈论霍布斯的理论，原因就在于，他的观点是由卢克莱修（Titus Lucretius Carus）的理论所塑造出来的；当谈论恐惧时，恰恰是卢克莱修而不是霍布斯给我提供了主要的思想引导。君主制是一种要求顺从与服从的政府组织形式，它不需要互惠、尊重或信任。它是为那些常常深感恐惧并有着原初意义上的无助感的人量身定做的：只要把自己交付给一个充满智慧、无所不能的父亲，你就会平安无事。在这个过程中，君主政权也经常会给你额外的好处：服从它，你就有机会虐待或伤害你的敌人。与之相反，民主要求有平等的尊重和信任，以及一种在不确定性面前依然心怀希望的意愿。在卢克莱修看来，恐惧是罗马社会各种各样的坏事的根源：共和体制的消亡、宁可沉迷于毫无结果的侵略战争，以及一种由嫉妒所支配的竞争——嫉妒使得整个社会充斥着有害的情感，人们变得焦虑不安。然而，他并不认为恐惧一定会取得成功（但霍布斯是这样想的）。卢克莱修生活在共和国当中，尽管它已经是一个正在走向暴政的国家，因此，他能给我们自身所处的时代提供更好的引导。

问："转化（transition）"是您对愤怒等消极情感的纠正，也是一种审视情感的新思路。尽管并不是所有的情感都与感觉相关，愤怒与感觉之间的关联却是如此紧密，那么愤怒经转化之后依然还是愤怒吗？因为经转化以后，原来意义上的愤怒可能变成了只是提出异议（dissent），故而已失去原本具有的感觉向度。换言之，经转化后的愤怒已不再是我们通常所理解的愤怒了。那么，您关于"转化"的观点是否也适用于其他情感，比如恐惧或负罪感？经转化的恐惧或负罪感等构思是否可行呢？

答：在我看来，经转化的愤怒是一种处于临界状态的愤怒。在这种类型的愤怒中，并不存在愤怒常常出现的报复性愿望，置身其中的人会面向未来，认为"那是多么令人愤慨，绝不能让它再发生了！"它是愤怒，其原因在于，它包含的大部分想法都与愤怒相关：存在着一种严重伤害，它伤害了对自己而言十分重要的人或物；让人或物承受这种伤害是错误的；它是糟糕的。但它缺乏亚里士多德所界定的"愤怒"的最后一个要素，即对冒犯者施以报复，让他承受痛苦是有益的。事实上，经转化的愤怒是一种健康的反对精神，它与提出不同意见是紧密相连的。不过，它突出强调的是：这是错误的！毫无疑问，"转化"的观念也适用于负罪感，这是一种指向自我的愤怒类型；人有可能会放弃让自己受苦的想法，而只是想创造一个更美好的未来。但在恐惧中，我没有看到同样的结构。

问：我注意到，您在新书中用了一个有意思的比喻来形容恐惧与希望之间的关系，即它们就像旋转开关一样是恰好相反的。这意味着，这两者虽然是相反的，但又并不是毫不相关的。而爱在当中有很重要的调节作用。

答：恐惧和希望是非常相似的，它们都表明了在一些重要问题上具有的不确定性。然而，当一些非常重要的事情或某人受到威胁时，处于恐惧状态中的人往往专注于坏的事情，而心存希望的人通常关注好的事情。这是焦点方面的改变，而不是可能性方面的改变。如果我们爱人民，爱我们的国家，那就会激励我们持有一种充满希望的态度。

问：您所说的爱似乎并不是具有世界性的，因为您曾经说自己并不是一个世界主义者。那么，您在何种意义上认为我们应当在公共生活中爱及他人呢？另外，在您的书中，您多次提到恐惧具有自恋性，倾向于自我保护，而诸如恐惧或嫉妒等自恋情感似乎与公共善相背离。那么，在您看来，经济全球化究竟有利于培育公共善，从而帮助我们走出自恋的困境，还是会使得对公共善的培育变得愈发困难？

答：我认为存在着多种多样的爱，爱自己的公民同胞与爱自己家庭的成员是有区别的。但这种复杂性并非我不赞同世界主义的原因。世界主义持有这样一种观点，即人必须把我们首要的爱给予整个人类。而在我看来，这是一个极具争议性的观点，它不能成为一个正义社会中政治"重叠共识"的对象。我们应当努力达成这样的政治原则，即尊重完备性学说的合理多元性，因此那些原则不能包含大多数宗教和世俗完备性学说都拒斥的观念。

至于恐惧，首先要澄清的是，它并不总是自恋的。如果我爱我的朋友、我的孩子或者我的国家，当他们受到威胁的时候，我自然会感到害怕。因此，我们的任务不是去摆脱恐惧——恐惧有必要与爱相伴而行，而是要给它很好的引导。其实，经济全球化意味着许多事情。经济上的相互联系可能是非常脆弱的，有时这会使真正意义上的人类之间的相互关切变得更加困难，就像当把业务外包给他国或与他国竞争会威胁我们的就业时那样。发展中国家的人民正开始摆脱贫困，而那些安全和卓越地位受到威胁的人会警惕地看待这一事实。我们需要教育所有儿童，让他们了解世界历史和全球经济，不应仅仅将身在远方的人看作威胁，而应当把他们看作完全意义上的人。最重要的是，我们需要对贸易和环境进行有建设性的、跨国界的商谈，而不只是受贪婪所驱动。我认为，国家是一个不可或缺的道德单位，它在保护福祉方面发挥着宝贵作用。正如富兰克林·德拉诺·罗斯福反复强调的那样，对国家的关心与支持寻求全球福祉是完全相容的。

问：有人曾经提出质疑，认为重视政治情感会背离政治自由主义的主张。您认为两者在何种意义上可以协调起来呢？另外，人们容易因害怕极权而对政治情感望而生畏，而雅各宾派、希特勒等对情感的重视与利用似乎也强化了这种看法。那么，当致力于论证政治情感的培养时，您是否认为应该有一些约束条件呢？

答：明智的自由主义者并不认为国家应该在自身的核心价值方面——如公平、自由以及所有人的平等价值——保持中立。建立在这些价值基础上的政治原则需要以情感作为支撑，如罗尔斯就富有洞察力地看到了这一点，并且在《正义论》中写了精彩的一部分来探讨政治情感。在总体架构上，我的看法与他的观点非常相似。比如说，致力于在种族问题上实现正义的国家将会尽力建构非种族主义的情感和兄弟般的情谊，设立一些能强化这些情感的活动，如庆祝马丁·路德·金诞辰等。至于对情感的约束，则必须确保它们与体面且正义的政治观念所承载的庄严价值捆绑在一起。

问：稳定是政治的一个重要目的。然而，哲学家对稳定一词的理解似乎与政治家有所不同。哲学家尊重相异的甚至是带有批评性质的意见，比较注重复杂的讨论或争论而不是简单的结论。您在新书中也提到了"反对精神（spirit of dissent）"。那么，这种精神在什么意义上与稳定相容？或许，我们可以更进一步地讨论哲学与政治之间的关系。尽管哲学能为政治提供一些建设性的意见，但在柏拉图、阿伦特、施特劳斯和伯林等人看来，两者依然存在着张力。您认为这种关系会在本质上影响哲学家在社会中扮演的角色吗？

答：首先，哲学家不应当试图为他们所置身的社会提供一种关于什么是好生活的完整学说。他们应当把自己限制在思考一些核心的政治原则范围内，这些原则可以成为重叠共识的对象。而以往大部分哲学家对宗教采取蔑视态度，对宗教学说并不宽容。这是错误的。因此，我们一定要更加恭敬和谦卑。但即便如此，我们依然可以提供一些东西。要做到这一点并不容易，原因就在于，哲学家能够面向公众发表演说的场合并不多——虽然他们可以在自己的博客或推特（Twitter）上面发表自己的看法。当然，我很幸运能有范围略微广一些的大众读者，但我依然期待有更关注公众利益的媒体，在那里，我们可以发表自己的看法，并且进行辩论。至于批判的精神如何与稳定和爱相兼容的问题，我认为，任何一个爱孩子与养育孩子的人都在努力解决这个问题，我们还经常成功地把对孩子的爱与批评结合起来，并且鼓励孩子也成为一个具有批判精神的自由人。

问：您刚才提到了哲学家公开发表自身看法的一些方式。确实如您所说，媒体能提供一个平台。如今，社交媒体已得到普遍应用，对我们的日常生活产生了很大影响。您怎样评价当代社交媒体？您认为它们对于培养政治情感应该承担起什么样的责任呢？

答：我不使用任何社交媒体，甚至连"脸书（Facebook）"也不用。因此，应该以怀疑的态度来看待我就此提出的观点。我以前认为，社交媒体为诽谤和恶意谎言的散播创造了新的机会，所有这一切对民主而言都是相当危险的。然而，今年（2018年）春天，我重温了安东尼·特罗洛普（Anthony Trollope）的小说《我们现有的生活方式》（*The Way We Live Now*），这部小说展示了一个完全被谣言、幻想和名声所占据的英国社会，就像我们的社交媒体世界一样。因此，它并非如我们所想象的那样是一种新鲜事物，这给了我们希望：民主能够在那个时代幸存下来，那么它在我们这个时代也有能力延续下去。

问：1984年成立了一个研究情感的国际研究会——情感研究国际协会（International Society for Research on Emotions，简称ISRE）。您认为这个组织的成立和运作在哪些方面有利于推动情感研究呢？

答：情感研究国际协会在推动情感研究方面做了大量的工作，它有助于来自哲学、心理学、人类学和其他相关领域的学者聚集在一起，进行对话与交流，共同探讨关乎情感的问题。在我看来，研究情感的哲学家应当了解认知心理学、人类学、神经科学和精神分析等方面的成果，而不是仅仅关注自己领域的事情。但这个协会的主要目的是进行跨学科交流，它本质上并非一个学术性机构。就此而言，情感研究国际协会的作用主要体现在为推动跨学科的研究提供了一个有组织性的架构。

问：您和拉克罗伊克斯（Alison LaCroix）及拉瓦莫尔（Saul Levmore）共同编辑了一本书，名叫《权力、散文与钱囊：法律、文学和经济变革》。您能简要地介绍一下这本书吗？

答：这本书是法律与文学系列丛书当中的第五卷。我们开了一次以"法律与文学中的金钱"为主题的会议，而这本书收录了许多由芝加哥大学的学者和校外学者撰写的论文。它们讨论了围绕这个主题的英美文学作品，而这些作品全都针对的是从工业革命到大萧条时期。这本书收录了我的两篇文章，一篇探讨惠特曼（Walt Whitman）的诗，另一篇讨论刘易斯（Sinclair Lewis）的小说《巴比特》（*Babbitt*）和《埃尔莫·甘特里》（*Elmer Gantry*）。

问：我的最后一个问题是，作为一位杰出的哲学家，您对从事哲学研究的年轻一辈有何建议呢?

答:我给出一个简单的建议吧。找出在你所关注的哲学领域中处于核心位置的东西究竟是什么,找到你真正喜爱的东西并把它写出来。在这个过程中不要气馁,只需不断地往前,因为你可能需要花上好几年的工夫才能找到自己的志业。

（本文曾刊于2019年第4期的《哲学动态》）

THE MONARCHY OF FEAR: A Philosopher Looks at Our Political Crisis by Martha C. Nussbaum

Simplified Chinese Translation copyright [year of first publication by Publisher]
By Beijing Normal University Press (Group) Co., Ltd.
The Monarchy of Fear: A Philosopher Looks at Our Political Crisis
Original English Language edition Copyright 2018 by Martha C. Nussbaum
All Rights Reserved.
Published by arrangement with the original publisher, Simon & Schuster, Inc.

北京市版权局著作权合同登记号　图字：01-2020-5266

图书在版编目（CIP）数据

论恐惧／（美）玛莎·纳斯鲍姆著；谢惠媛译. —北京：北京师范大学出版社，2021.11
　ISBN 978-7-303-22652-8

Ⅰ．①论…　Ⅱ．①玛…　②谢…　Ⅲ．①恐惧－通俗读物
Ⅳ．①B842.6-49

中国版本图书馆CIP数据核字（2021）第162415号

营　销　中　心　电　话　010-58807651
北师大出版社高等教育分社微信公众号　新外大街拾玖号
LUN KONGJU

出版发行：北京师范大学出版社　www.bnupg.com
　　　　　北京市西城区新街口外大街12-3号
　　　　　邮政编码：100088
印　　刷：北京盛通印刷股份有限公司
经　　销：全国新华书店
开　　本：710 mm×1000 mm　1/16
印　　张：14.5
字　　数：230千字
版　　次：2021年11月第1版
印　　次：2021年11月第1次印刷
定　　价：59.00元

策划编辑：王则灵　　　　责任编辑：贾理智
美术编辑：李向昕　　　　装帧设计：锋尚设计
责任校对：张亚丽　　　　责任印制：马　洁